北京高校学生素质教育小荷系列实践教材

小荷才露尖尖角

——拓展训练课程

（第二版）

主　审：王兴贵
主　编：林一鸣
副主编：郝　征
编　委：刘丹丹　谭　波
　　　　邬菲菲　孙丰添

中国政法大学出版社
2014・北京

图书在版编目（CIP）数据

小荷才露尖尖角：拓展训练课程 / 林一鸣主编. —2版. —北京：中国政法大学出版社，2014.7

ISBN 978-7-5620-5505-1

Ⅰ.①小…　Ⅱ.①林…　Ⅲ.①大学生－素质教育－高等学校－教材　Ⅳ.①G640

中国版本图书馆CIP数据核字(2014)第149330号

出 版 者　中国政法大学出版社
地　　址　北京市海淀区西土城路25号
邮　　箱　fadapress@163.com
网　　址　http://www.cuplpress.com（网络实名：中国政法大学出版社）
电　　话　010-58908435(第一编辑部)　58908334(邮购部)
承　　印　北京中科印刷有限公司
开　　本　880mm×1230mm　1/32
印　　张　7.5
字　　数　100千字
版　　次　2014年7月第2版
印　　次　2014年7月第1次印刷
印　　数　1～8000册
定　　价　36.00元

林一鸣 教授，经营管理大师，高级心理咨询师。MBA毕业于美国CONCORDIA UNIVERSITY，国家职业技能标准服务业评审组专家，现担任北京吉利大学执行校长。

曾在国际管理集团任职高管十八年。曾为上百家企业做“团队建设”和“人本管理”内训；为上万名职业经理人培训“领导力与执行力”、“情绪营销”和“创新思维拓展”；为中国近十万大中学生做“幸福梦想”专题演讲和心智成长训练。

主要研究方向：3h教学法、幸福学、心智模式和领导力。

序

光阴荏苒，岁月如梭，从2010年8月“小荷成长训练营”正式开营，素质拓展训练课程在北京吉利大学开展至今已经是第四个年头了，当年的“小荷”已经悄然绽放，并且成熟。每当我看见校园里的莘莘学子，就会想起训练营的口号：“小荷才露尖尖角，早有蜻蜓立上头。”心里总不免感慨。回想2010年，北京吉利大学自主研发了一套素质教育小荷训练课程体系，它是融合教育学、心理学、管理学、组织行为学等相关学科内容，针对目前社会的需求和学生特点设计出来的一种体验式、浸透式学习模式。素质教育小荷训练课程体系作为北京吉利大学教育教学改革的十大工程之一，是对高校现有人才培养体系的补充与完善。其中，拓展训练起初是用来培养人的心理素质和生存技能的，后应用于现代企业的管理领域，发展至今，它已经有自己独特的课程设计。这些课程设计的总思路是，以体能活动为引导，以心理挑战为重点，以人格完善为目的。拓展训练课程在心理健康、社会适应这两大课程目标上的影响是其他课程所无法比拟的。因此，将拓展训练引入高校，满足学生不断增长的学习需求，是时代的需要。在这个理念上，北京吉利大学建立起了一套完整的适合学校素质教育的小荷训练体系，以此推动拓展训练教育在高校的发展。

值此高校教学改革项目结题之际，这本凝聚了北京吉利大学素质教育精神的结晶——《小荷才露尖尖角——拓展训练课程》（北京高校学生素质教育小荷系列实践教材之一）终于出炉了，它不仅见证了这四年来素质拓展训练在北京吉利大学的发展，也见证了我们和当年的“小荷”一起成长的脚印。教材遵循大学生的认知与行为发展特点，依据心理学、教育学原理，采用体验式、浸透式教学模式，教材内容以培养学生的学习动力，锻炼团队协作意识，树立正确的职业理念，激发职业潜能，提高情绪管理能力、人际交往能力、问题解决能力和适应能力为目标，分个人突破、伙伴关系、团队意识三个篇章，学生通过体验精心设计的活动项目，接受个人潜力的激发和团队凝聚力的挑战，从而不断地认识自我、挑战自我、完善自我。所以，这本书不仅仅是一本教材，亦是学生认识自我的心灵密码，也真诚地希望所有的读者都能从这本小书里遇见一个全新的自己。

最后，希望本书作为高校素质教育教材，能给读者带来新的方向、新的发现和新的思考，同时也让我们共同期待、共同创新、共同发展，为引导、传播素质教育理念而孜孜不倦地努力奋斗！

北京吉利大学校长　王兴贵

2013 年 8 月

第二版说明

本书第一版出版之后，老师及学生们通过本书认识了拓展训练、体验了拓展魅力、分享了拓展感悟，取得了良好的教学效果，产生了极大的社会影响力。本次修订，主要基于以下几个原因：

首先，通过本阶段的教学及学习实践，教师及学生们发现了书中存在的一些问题，并提出了很好的建议。我们根据他们的反馈意见，对本书内容进行了相应调整，以使本教材内容更加丰富，更具实用性，如在每节课程中增设了名人名言，对部分章节进行了进一步的调整，增加了素质教育讲师简介，等等。

其次，2014 年 5 月 4 日，教育部正式批准北京吉利大学升格为本科院校，并更名为北京吉利学院。学校名称的变更及层次定位的提升，也促使我们对本教材进一步予以修订。

修订后，本教材将更加体现其实用性特征，更能契合学校和社会培训机构等多方面的需求。

感谢为本教材的编写和修订付出心血的所有老师；感谢中国政法大学出版社程传省编辑的帮助和指导；感谢“小荷成长训练营——拓展训练课”的所有学生们，你们使本教材得到实践和修正的机会！

林一鸣

2014 年 6 月

前言

近年来，风靡企业的拓展训练随着高校教学改革和素质教育的深入，正逐渐走进大中小学校校门。拓展训练秉持“体能消耗适中、心理挑战较大、团队熔炼为主”的设计理念，打破了以往单纯体能训练的体育教育时代，在增强学生身体素质的同时，也加强了对学生心理素质、团队精神及职业素质的训练，尤其是高校拓展训练的开展，极大增强了学生的就业上岗能力，为越来越多的教育界人士所认同，一场高校素质教育风潮席卷而来。

为实践“走进校园是为了更好地走向社会”的校训，2009年，北京吉利大学酝酿已久的素质教育工程建设进入有序筹备阶段，筹委会征集各方意见后决定，将拓展训练纳入素质教育的重要板块。2010 年 8 月，由林一鸣教授研发并设计，结合心智重塑及室内拓展的“小荷成长训练营”课程作为新生入学第一课首次登场并大获成功，经调查，课程满意率达 99.6%。2011 年 4 月，素质教育中心的老师们已陆续通过全国考核，取得了中级拓展培训师资格证书，为户外拓展训练课程的开设奠定了师资基础。2011 年 11 月，占地一千平方米的北京吉利大学户外拓展训练基地落成并投入使用。2012 年，拓展训练课程作为校公选课吸引了大批学生参与，整个课堂洋溢着青春与活力。随着师资队伍的壮大，为丰富课程内容和满足相应的场地需求，2013 年受到学生热捧的“小荷心智训练”与“小荷拓展训练”成为校公选、必修课，同时占地两万平方米的拓展训练基地二期工程“勇攀珠峰”等项目已建设完成，并增设了四面体攀岩墙、CS 基地等项目。

但当基地不断扩大、课程逐步完善时，我们发现，现有的拓展类书籍主要面向培训师，却没有适合学生的拓展类教材。拓展训练如同海市蜃楼，被体验过的同学描述得魅力非凡，而没见过的同学却始终觉得神秘。2012 年，素质教育中心就计划着编一本书，揭开拓展训练的神秘面纱，让学生了解拓展训练的精神和内容。

图 1

“小荷”是北京吉利大学素质教育的品牌，小荷 Logo 是以荷花花苞外形为基础的水滴状图形，寓意身心健康、积极向上的品格，象征诚信、友爱、团结的精神。

当你拿到这本教材时，就像开启了拓展训练的“潘多拉宝盒”。整本教材，围绕着大学生的认知规律，从个人体验到伙伴配合再到团队训练，在项目简述之后，更多的是激发学生心灵的成长。其中，“思维练习”是课前带着问题去思考，“小荷任务表”是课中动手写作去完成，“小荷日志”是为了帮助学生在亲历后更好地回顾分享，将所想所感应用到生活学习中。无论是挑战自我、熔炼团队的豪言壮语，还是敞开心胸、学习爱的支持与鼓励，都由你自己去找寻！

一、拓展训练的起源与发展

拓展训练的英文名称为Outward Development，又称户外拓展训练（Outward Bound）[1]，最初主要用于航海领域，是船只出发前召唤船员上船的旗语。从字面上解释，Outward Bound就是“出海的船”，而现在，Outward Bound在教育领域被诠释为一艘小船离开安全的港湾，在风雨来临之际，义无反顾地驶向波涛汹涌的大海，去迎接未知的挑战，战胜未知的困难。

拓展训练通常利用自然环境和人工器械设计一些团队和个人挑战的项目，通过学员参与体验达到磨炼意志、完善人格、陶冶情操、熔炼团队的培训目的。课程主要分为水上、野外和场地三

〔1〕 Outward Bound的宗旨：服务、奋斗、永不放弃。其核心价值：挑战与冒险；热诚和服务；培养社会责任和环境责任；发展个人特质；通过体验学习。

类，水上课程包括游泳、跳水、扎筏、划艇等；野外课程包括远足、登山攀岩、野外定向、伞翼滑翔、户外生存避险等；场地课程是在专门的训练场上，利用各种道具器材，如攀岩墙、高空四面体等，开展各种团队组合课程及攀岩、跳越等心理训练活动。

作为一种新兴的体验教育模式，它是我国传统教育必要和有力的补充，随着拓展训练在学校教育中的发展逐渐步入正轨，备受学校教育界人士的瞩目。

（一）拓展训练的起源

拓展训练起源于二战时期的英国。当时，大西洋上的很多商船受到德国纳粹潜艇的攻击而沉没，大批船员落入冰冷的海水中，由于远离大陆，他们中的绝大多数葬身海底，但仍有极少数人历经重重磨难后得救生还。人们发现绝大多数的生还者不是最年轻、体格最壮的，反而是那些年龄相对偏大、经验丰富的中年人。

经过一段时间的调查研究，专家们终于找到了答案：这些人之所以能够活下来，关键在于他们的意识坚强，善于与他人合作，有丰富的生活经验，当然还有一点点运气。灾难来临时，那些老水手们凭借良好的心理素质，沉着分析，攻克难关，而那些年轻的海员却看不到生还的希望，想不到求生的方法，以致走到生命的终点。根据研究，专家们提出了“成功并非依靠充沛的体能，而是强大的意志力”这一理念。

在对海员幸存者的研究中，德国籍教育学家库尔特·哈恩（Kurt Hahn，1886 年～1974 年）博士作出了突出贡献，提出应利用自然条件和人工设施，让那些年轻的海员体验一些具有心理挑战的活动项目，以训练和提高他们的心理素质。后来，他与船业公司老板劳伦斯·霍尔特（Lawrence Holt）一拍即合，在 1942 年成立了以年轻海员为训练对象的阿德伯威海上训练学校，成为拓展训练最早的雏形。

（二）拓展训练在国外的发展

第二次世界大战结束后，Outward Bound（以下简称 OB）并没有因为其历史使命的结束而结束，反而由于其独特的培训形式受到推崇进而快速发展，训练对象由海员扩大到军人、学生、企业员工等，训练目标也由单纯的体能、生存训练扩展到心理训练、人格训练、管理训练等。

1946 年，为推广 OB 理念并且筹备资金创建新的 OB 学校，Outward Bound 信托基金会（Outward Bound Trust）在英国成立，OB 信托基金会拥有着 OB 的商标所有权和商标使用许可证的发放权。1951 年~1952 年，美国人乔什·曼纳（Josh L. Miner）[1] 深受哈恩理念和愿景的启发，意识到也应该在美国建立 OB 学校。1962 年，在乔什·曼纳等人的共同努力下，科罗拉多 OB 学校正式成立，并在 1963 年正式从 OB 信托基金会获得了许可证。1964 年 1 月 9 日，建立 OB 法人组织（Outward Bound Inc.）的文件在美国起草。随后，世界各地的 OB 学校不断成立并实践着 OB 的理念，OB 组织也逐渐发展成为 OB 国际组织（Outward Bound International Inc.，简称 OBI），目前的办公地点设在美国犹他州的德雷伯市[2]。

---

〔1〕 乔什·曼纳是《美国拓展训练》（Outward Bound USA）一书的作者。
〔2〕 钱永健：《拓展训练》，企业管理出版社 2012 年版，第 10 页。

OB 国际组织下属的 Outward Bound School（简称 OBS）遍布了全球五大洲三十多个国家，四十多所分校继承了哈恩的教育理念。随着 OB 的快速发展，教育界人士开始派教师和学生参加体验活动，主流教育学校还与 OBS 进行了各领域的合作，甚至 OBS 在普通学校中也设立了一些分支机构，被称为“学校中的学校”。Outward Bound 在许多研究人员的关注下，理论日益丰富，体系日趋完善，研究人员将它的体验式学习理念与其他学科在不同领域内大胆结合与使用，取得了良好效果。在 OB 研究的基础上衍生了诸多课程，尤为重要的是，OB 促成了户外体验式教育领域的兴起，同时它也是中国体验式教育和拓展训练兴起的根源。

亚洲地区最早建立 OB 学校的国家是新加坡，此后被我国香港地区及日本引进。由于它适应时代对完善人格、提高素质和回归自然的需要，因此吸引了成千上万人参与，一同感受 OB 带来的令人震撼的学习效果，同时参与此类课程也逐渐成为现代人生活的新时尚，在国内不断升温。

（三）拓展训练在国内的发展

1970年，在香港成立的香港外展训练学校是中国第一个加入OB国际组织的专业培训机构，1999年该组织在广东肇庆建立的外展训练基地，成为该训练组织下属的内地第一个培训基地[1]。但直到1995年，以“拓展训练”命名的体验教育模式整合改造后才进入中国内地，当时的“北京华融拓展训练学校”是最早开始在我国内地开展此类课程的培训机构，时至今日，它已发展为拥有二十多个分支机构和四十多个拓展基地的人众人教育集团。

自此，拓展训练在培训领域引起了巨大震撼，拓展训练培训机构遍布全国并呈几何数字增长。近几年，拓展训练课程更呈现多元化发展趋势，活动项目日益丰富，并且随着教育系统的教学机构和民间爱好者成立的各种协会和社团群体的参与，拓展训练在我国得到了极大的发展。

（四）拓展训练在国内学校的发展

学校拓展训练课程始于2002年，并以场地训

---

〔1〕资料来源：www. outwardboundchina. net.

练为主。十余年后的今天，全国已有三百余所高校和近百所中小学开展了拓展训练课程。高校拓展课程主要集中在体育课上，部分学校将其纳入管理类和心理学课堂中，也有一些学校的社会学和休闲体育专业也将其编入专业课程，呈现百花齐放的景象。

1999年，清华大学率先将体验式培训引入到MBA、EMBA的教学体系中，随后拓展训练作为教学内容又被引入北京大学光华管理学院、浙江大学、中山大学岭南学院、中欧国际工商学院、中国工商管理学院、暨南大学等学校的MBA、EMBA教育中。目前，北京大学、中国人民大学、中国科技大学、中国地质大学、西南财经大学等已将拓展训练列入学生的体育必修项目中。北京吉利大学等院校也将拓展训练作为素质教育课程列入必修、选修课，取得了很好的教学效果。

在学校全面开展拓展训练课的同时，百余所学校搭建起了高空项目训练架，除服务于学校教学工作外，还承接一些社会培训工作。以北京吉利大学为例，拓展训练基地除了为学生和教师教学提供场地外，还以素质教育中心事业部的形式，面向校外的企业和学校提供拓展服务，形成了以研发为灵魂、以教学为中心、以创收为促进的“产学研”一体的经营模式。拓展训练基地建成前，北京吉利大学已经利用一些简单的道具，在新生入学教育期间做些改编的团队项目，如风火轮、电网、越障、雷阵等，并结合校园定向、校园寻宝等活动，同样取得了很好的效果，受到师生的喜爱和追捧。随着拓展训练的深入发展，我国近百家青少年素质拓展基地为大中小学的学生们参加拓展训练提供了更多选择。

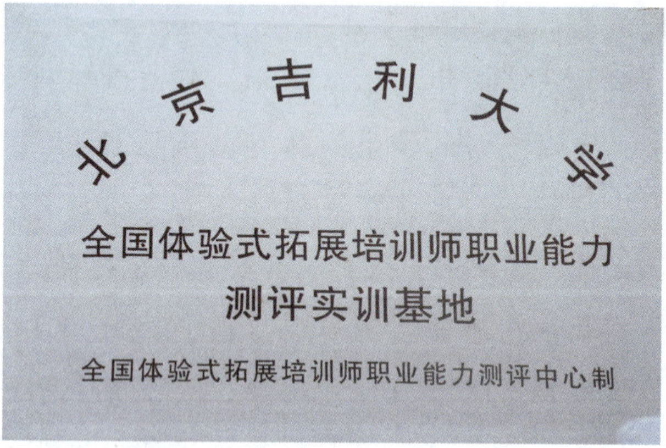

图2

拓展训练不是对传统教育的背离与反驳，也不是完全脱离传统学习模式的纯粹体验，可以说它是对传统学习模式的探索与延伸，是在其基础上的突破和创新。在现有教育体制下，合理地发展拓展训练是非常必要的，毕竟相对于既有的学习方式，它在我国仍是一种新鲜事物，我们既不能盲目夸大其作用，也不要一味排斥它，只有将二者相互结合，才能使其互相促进，达到更好的效果。

二、拓展训练的课程模式

拓展训练是一个循序渐进的过程，简单来说，课程有个人、伙伴、团队几种形式，在实施过程中穿插进行。拓展训练一般由以下几个环节组成：

1. 暖场热身。培训开始时，通过团队热身打破隔阂，加深学员之间的相互了解，消除紧张，破冰起航，建立团队，以便轻松愉悦地投入到各项培训活动中去。

2. 个人项目。本着心理挑战最大、体能冒险最小的原则设计，每项活动都是对受训者心理的极大挑战和震撼。

3. 团队项目。以改善受训者的团队意识和沟通合作能力为目标，通过复杂而艰巨的团队活动项目，促进学员之间的相互信任、理解和默契配合的能力。

4. 分享回顾。分享是拓展训练有别于体育运动的关键，它将帮助学员消化、整理、提升训练中的体验，以达到训练的具体目的。回顾能使学员将培训的收获迁移到生活中去，以实现整体培训目标。

拓展训练作为一种独特的体验式学习模式，有着显著特点：

1. 综合活动性。拓展训练的所有项目都以体能训练为先导，进而引发认知活动、情感活动、意志活动和交往活动，有明确的实施过程，要求学员全身心投入。

2. 挑战极限。拓展训练伴随着冒险，具体表现在心理考验上，需要学员向自己的能力和心理极限挑战，跨越极限。

3. 集体中的个性。拓展训练惯用分组，强调集体合作，力图使每一名学员发挥才智建设团队，同时从集体中吸取巨大的力量和信心，在集体中显示个性。

4. 高峰体验。体验是拓展训练的基础，在克服困难完成项目以后，学员能够体会到发自内心的胜利感和自豪感，获得人生难得的高峰体验。

5. 自我教育。老师是活动的引导者，布课结束后，活动中一般不进行讲述，也不参与讨论，充分尊重学员的主体地位和主观能动性。即使在课后的总结中，老师也只是点到为止，主要让学生自己来讲，实现自我教育的目的。

有句话说：态度决定一切。拓展训练就是一种态度的培训，一种对大家在面对各种问题时心理状态的培训。拓展训练能使参训者认识自身潜能，增强自信心，改善自身形象；克服心理惰性，磨炼战胜困难的毅力；启发想象力与创造力，提高解决问题的能力；认识群体的作用，增进对集体的参与意识与责任心；改善人际关系，学会关心他人，更为融洽地与群体合作；学习欣赏、关注和爱护大自然。

三、拓展训练的意义

除上述器材外，我们还会用到背摔绳、眼罩等辅助器械，它们的合理使用能够让拓展训练的情境更加真实化，合理地使用辅助器械可以让学生在安全、可靠的环境中感受拓展训练的魅力。

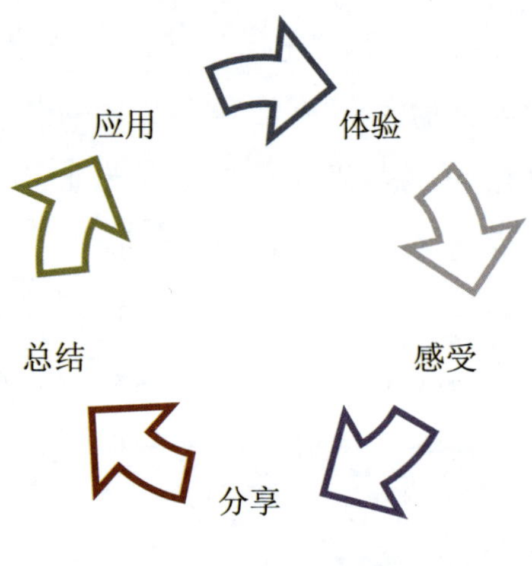

图3

拓展训练分为体验、感受、分享、总结、应用五个流程，而体验是最关键的一步。任何一个训练项目的开始，都是学员在老师的引导下先去经历一种模拟的场景，完成一项任务，亲历体验是打开心灵之门的钥匙。所以说，拓展训练强调的是一种体验，是一种由内至外的自我教育，更是一种精神和信仰的涤荡。有人说“态度决定一切”，拓展训练就是态度的训练，就是一种对大家面对各种问题时心理状态的培训。经历过训练的人，往往在潜移默化中发生变化，工作更积极，心态更阳光，以下就是拓展人的精神状态：

1. 积极主动。积极的工作态度和人生态度是拓展精神的核心。乐观自信，从我做起，环境因我而变；坐言起行，言必行，行必果。

2. 开拓创新。以开放的心态应对变化，积极进取。

3. 认真负责。人和事因认真而完美，注重细节是专业化的表现。

4. 独立协作。独立自主，各司其职，独当一面。个人和单位的竞争力来自你不可替代的价值，高水平的独立，才有可能带来高水平的协作。局部利益服从整体利益；以双赢的心态创造最大效率。

5. 共享成功。成功来自每个人的努力和贡献，成功是协作的结晶；共享成功的经验，共享成功的好处。

高校中的拓展培训糅合了高挑战及低挑战的元素，学生在个人和团队的层面，都可通过危机感、领导、沟通、面对逆境和合作的培训得到提升。拓展培训强调学生去“感受”学习，而不仅仅在课堂上听讲。传统课堂式学习的吸收程度大约为25%，而要求学生参与实际操作的体验式学习的吸收程度可高达75%，因此体验式学习能更加有效地将资讯传授给学生。

以体验、经验分享为教学形式的拓展训练的出现，打破了传统的教学模式。它并不灌输你某种知识或训练某种技巧，而是设定一个特殊的环境，让你直接参与整个教学过程，在参与的同时，去完成一种体验，进行自我反思，获得某些感悟。它吸收了国外先进的经验，同时注意适应中国人的心理特征与接受风格，将大部分课程放在户外，精心设置了新颖、刺激的情景，让学员主动地去体会、去解决问题，在参与体验的过程中，调整心理，启发思想，然后通过学员讨论总结，分享经验，感悟出种种具有现代人文精神和管理内涵的道理。

拓展培训既安全又有一定的趣味性，易于被学员接受。但拓展培训的最终目的，是让学员将训练活动中的所得应用到学习、生活及工作中去。如果缺乏专业培训师的指导及意见，则很难达到理想的效果。本教材如同一位心灵导师，通过小荷任务表和小荷日志的形式，让你亲身体验拓展的魅力，并获得个人和团队的总体提升。通过拓展训练，整合团队，发掘每个人的最大潜力，这就是拓展培训的最大意义！

四、拓展训练的安全监控与器材

初次接触拓展训练的学员，最大的顾虑莫过于安全与否。即使听了老师的承诺，察看了场地的环境和器材，对安全的顾虑也会伴随着学员直到课程结束，毕竟风险在拓展训练中是实际存在的。拓展中安全的概念是“在拓展的活动内外，所有参与者与其所处的环境能够受到保护，从而获得身体、心理与环境的正常状态”。[1] 像空中单杠、垂直速降、高空断桥、信任背摔等中高空项目，确实让人心惊胆战，看着就触目惊心。但因为风险的存在，拓展训练也更具魅力，体验过风险才能感受真正的惬意。尽管存在风险，拓展训练仍吸引着越来越多的人参与其中，因为在人们感到脆弱或者感觉危险时，战胜风险、重归安全的感觉就会极其美妙。

（一）拓展训练安全的首要条件是场地选择

不同的场地存在的危险不同。一般来说，野外环境下的拓展训练比专门的场地拓展训练隐藏着更大的危险。由于不可控因素的增加，风险存在的概率也会加大，因此必须在有经验的拓展教师的指导下进行野外拓展训练。相较来说，人工建造的场地，在危险度认知上不如野外来得直接，所以容易使人麻痹大意，增加潜在危险，这样说来，场地拓展训练反而是最需注意的地方。

（二）拓展训练中的器械安全

拓展训练的顺利实施需要依靠各种保护器械

---

〔1〕 钱永健：《拓展》，高等教育出版社 2009 年版。

与辅助器械，它们的使用主要是为了保护学员安全，增强课程真实性，以便更好地完成模拟情境训练。因此，器械的选择与使用对拓展训练起着至关重要的作用，尤其是安全保护器械，它们的选择与使用关乎学员的生命安全。

拓展训练中所使用的器械主要包括保护性器械、辅助器械、模拟器械、道具等，每一种都不可缺少。下面对一些常用器械进行介绍。

1. 头盔。在拓展训练中，不论是参加场地拓展训练的高空项目，还是野外拓展训练中的攀爬与下降项目、水上项目或者绳索项目，都应该戴上头盔。如遇到突发情况，它能降低一半左右的

图4　安全头盔

外在风险。头盔不仅能够很好地保护我们的头顶，有时候还能保护我们的眼睛与脸部，尤其是流线型较好的头盔更能起到这种作用。

CAMP 头盔，采用目前最先进的形状设计及最好的碳素外壳材料，里层材料要用高密度发泡铸形工艺，使头盔在保持高强度及良好减震性的同时，将重量降至最轻。

上课时，很多学员都是初次使用头盔，戴上后，感觉很别扭，甚至勒脖子，因此不愿意戴；也有一些人戴上头盔后要不断调整头带。这和头盔戴得是否合适有直接的关系，所以，上课时我们尽量选择合适的头盔，而且每一次都尽量调整到最合适的状态。

使用头盔时需要注意：

（1）尽量使用设有头围与颈部收紧装置、全部可调的头盔；

（2）看清前后，不要将头盔戴反了；

（3）女生一定要摘下头上的饰品，将长发平铺在头顶，确保头发完全包在头盔里，避免发髻将头盔顶起。

2. 安全带。安全带是连接人与装备的枢纽，主要分为全身式安全带、胸式安全带、坐式安全带。在攀岩与登山中，安全带是必备的装备之一。但两个项目所用的安全带有所不同，攀岩安全带一般不用作登山，但登山安全带可作攀岩使用，日常的拓展训练里，这两种安全带都会用到。

图5 全身式安全带

拓展训练的空中跳跃项目会用到全身式安全带，其优点是可以防止人在空中翻转滑脱。它一般由45毫米的宽带支撑，使用时可调节胸带和腿带到合适位置，同种款式一般就一种尺码。常见的全身式安全带前后各有一个挂点，有的有装备环，胸围最大尺寸108厘米，腿围最大尺寸90厘米，重量一般为600克，轻便型的在400克左右。

胸式安全带可让使用者在突发意外时不至于头下脚上，从半身式安全带中脱落出来。有些拓展项目比如“空中单杠”，在没有全身式安全带时，可以将胸式安全带和半身式安全带搭配使用。胸式安全带不能单独使用，特殊情况下，胸式安全带可以用扁带自制。使用胸式安全带代替全身式安全带的缺点是，冲击力较大时，身体上半身承受的力过大，容易造成危险。胸式安全带大多是可调的，由45毫米的宽带制成，重量在200克左右。

图6　半身式安全带

坐式安全带又称短裤式安全带，由腰带和腿带两部分组成，分为全可调和半可调两种。全可调短裤式安全带操作简单，安全检查便捷，使用时不会出现大的错误，缺点是穿戴时间较长时会感不适，如果拉力较大时腿带会拉痛学员的大腿根部。现在许多安全带的腰带与腿带都是可调的，腰带采用独特的喇叭口外形设计，可以提供更理想的支撑和舒适性，使动作不受限制，行动更加自由。全可调安全带腰部调整范围是60厘米~100厘米，腿部调整范围是45厘米~72厘米，大多都有装备环，重量在300克左右。

3. 拓展训练用绳。保护绳是拓展训练中最重要的器材装备，无论是上升、下降还是跳跃等活动都需要保护绳的保护。同时，保护绳还是连接锁具、安全带等的关键。通常使用的绳索有动力绳、静力绳、麻绳、粗尼龙绳、扁带绳和各种细绳。动力绳用来全程保护学员上升、通过、跳跃或下降，如“空中单杠”用绳；静力绳固定在场地器械上，用于连接上升器，保护学员攀爬，如“高空断桥”立柱上连接上升器的路绳；用于双手抓握的不同粗细的麻绳，在沿绳攀爬或摆动时使用，如“飞越急流”的秋千绳；普通粗尼龙绳用于结网或作为活动道具，如“盲人方阵”所用的绳；扁带绳用于连接行走路径或拽握，如“走扁带”和“浣熊圈”用绳；此外，还有各种细绳，如“风筝飞起来”的放飞线绳，“求生电网”的编织绳等。

图7　扁带

图8　动力绳

使用过程中，请注意一定不要踩踏在绳索上。绳索常因被踩踏而产生伤痕或裂缝，如果有小沙子进入绳子内部，那么负重时可能会出现断裂的危险。

4. 锁具。铁锁是拓展训练中用途最广、最不可缺少和替代的器材，主要用于连接保护绳与保护点，并且可以替代许多复杂繁琐的绳结。目前使用的铁锁都由钛合金制成，此外安全带、上升器、下降器等多种攀登装备的组合都需要通过铁锁连接。在户外活动中，铁锁是最重要的安全保障，通常把它比作安全扣。

铁锁一般分为O型锁、D型锁和改良的D型锁。O型锁锁门易坏，所以较少使用，通常用于连接上升器、滑轮等装备。D型锁也称保护锁，安全系数高，最常用于连接保护绳和安全带。

图9 D形锁

图10 O形锁和D形锁

保护绳通过铁锁连接在保护点上，任何一只铁锁都必须能承受学员突然坠落时的拉力。根据国际登山协会（UIAA）的坠落试验，保护绳索至少要能承受12千牛的拉力，由于绳索在铁锁上制动摩擦，铁锁的承受负荷应该是UIAA坠落试验中保护绳索承受负荷的4/3倍。所以，铁锁要至少能承受15千牛以上的冲击拉力，目前所用的铝合金铁锁的正常拉力一般在20千牛~30千牛。由于铁锁由铝合金和钛合金等材料制成，如果从1米高空坠落到地面或快速撞击到硬物上，铁锁内部容易产生裂痕，在受较大拉力时容易断裂，所以，切记不要抛扔锁具，使用时应轻拿轻放，如不小心摔到锁具，必须及时向老师报备，以防意外发生。

5. 8字环。8字环是最普遍的保护器材，作为制动装置，经常被用于拓展训练高空项目。其作用是增大主绳的摩擦力来确保同伴和自己下降时的安全。8字环简单易学，对于初学者，可以避免一些错误，但是在使用中容易使绳拧转。

图11　8字环

目 录

第一部分

个人突破

课程1：晨练

贵有恒，何必三更起、五更眠。最无益，只怕一日曝十日寒。

——毛泽东

晨　练

一、晨练的益处

（一）强身健体

1. 科学晨练能改善神经系统的功能。通过晨练活动可提高中枢神经系统的机能水平，提高机体的强度、均衡性和灵活性，使大脑皮质的兴奋与抑制的转换能力得到提高。体育锻炼能使神经细胞获得更充足的能量物质和氧气，使大脑和神经系统在紧张的工作过程中获得充分的能量物质保障。据研究，当脑细胞工作时，它所需的血液量比肌肉细胞多10倍~20倍，脑耗氧量占全身耗氧量的20%~50%。科学的晨练能使大脑的兴奋与抑制过程合理交替，避免神经系统过度紧张，可以消除疲劳，使头脑清醒、思维敏捷。

2. 改善运动系统的功能。经常参加晨练活动，可使肌肉组织的贮氧能力提高，改善肌肉组织的能量供应，增强肌肉组织的耐久力，从而使肌肉纤维增粗，肌肉体积和力量增大，弹性提高，肌肉变得发达、结实而有力。据测定，一般人的肌肉能量占体重的40%左右，而经常锻炼的运动员的肌肉重量可达体重的45%～50%。晨练还能改善骨骼的营养状况，增强物质代谢，使骨骼有机成分增加，并可改善骨骼肌与关节韧带的弹性和柔韧性等，从而提高骨骼抗弯、抗拉、抗折、抗压和抗扭的性能，同时还可以提高关节和韧带的运输幅度、灵活性和准确性。

3. 晨练可以提高呼吸系统的能力。科学的晨练活动使呼吸频率加快，呼吸加深，使氧气的吸入量增加，提高人体供氧能力。国际著名的德国医学教授赫尔曼指出："慢速长跑是保持健康的最好手段，关键是氧气，健身跑时的供氧比静坐时多8倍～12倍，经常晨练的人，呼吸系统老化速度比不晨练的人慢一半。"

4. 提高和改善循环系统的功能。经常参加晨练活动，不仅可以加强新陈代谢，而且可以改善血管的弹性，提高血液量，促进血液循环，提高机体的摄氧能力。一般情况下，运动时心脏每分钟输出血量是平时输出量的8倍。所以，平时不爱参加晨练活动的人，稍微活动就会出现心跳加速、气促、胸闷、头痛等现象；而晨练者由于血液循环得到改善，血流量增加，从而使心腔容量增大，心脏收缩力增强，心输出量增加，心跳次数减少，休息时间延长，久之，会使心肌纤维变粗，心肌发达。

（二）塑造体型美

体型与体态能反映一个人的外形，同时也能反映出一个人的精神面貌。体型指整个身体从头到脚各部位之间的比例以及肌肉群曲线的大小，体态指身体各部位所表现出的外型姿态。良好的形态给人以美的享受。科学地进行健美锻炼，根据需要选择合适的动作，就可以有目的地纠正、改善体型、体态，塑造健美的形体。通过坚持参加晨练、健身健美运动，可以消耗多余的热量，加快机体的新陈代谢，防止皮下脂肪堆积。

（三）陶冶精神情操

晨练活动不但使人的体格健、外形美，而且还可以健“心”，调节心理活动，消除人们的心理障碍。同时，晨练活动还以多样性、娱乐性、趣味性等特点，满足现代人多方面的审美需要，给人们的生活带来乐趣，培养人们良好的道德情操；树立集体主义精神，还可以培养人们吃苦耐劳、团结互助和坚韧不拔的良好品质。

二、晨练原则

（一）渐进性原则

渐进就是前进、发展、提高，而不是停留在一个水平上；是逐步地、依次地、循序地变化，而不是突然地或急剧地变化。渐进性原则是根据体质增强的规律对应各种体育手段去锻炼身体的过程所确定的规矩。科学锻炼身体过程中，最本质的是运动负荷的问题，渐进不是说天天，或每次平均地增大负荷量，而是按照人体对运动的适应性变化，根据超量负荷的要求，有计划地增大运动负荷。一定的运动负荷量，对身体作用一定次数和时间之后，才能引起身体的适应，然后再逐步增大运动负荷，使身体产生新水平的适应，最终达到增强体质的目标。渐进性原则就是按照这个适应性变化，有阶段地调整运动负荷的锻炼方法。

（二）反复性原则

反复是一次次重复的意思。反复性原则是指运用各种手段锻炼身体的过程，具有一次又一次，多次重复的特性。经验告诉我们，在锻炼身体中，只练习几次对人的作用不大，只有多次练习达到一定程度时，才能对身体产生良好的作用，但反复次数过多，也会给人体带来副作用。因此，反复是有规律、有限制的重复，是锻炼身体的一个规矩。反复中要遵循哪些要求呢？首先是运动和间歇相结合，既要有充分的运动，又要有适当的休息。这并不是说，一次运动后必须有充分的休息，而是可以在几次或几天运动没得到充分休息时，给以更加充分的连续休息。其次是在周间、月间、年间、数年间都要连续不断地进行体育锻炼。最好应每日参加体育锻炼，切不可三天打鱼两天晒网。

（三）全面性原则

人的身体是一个整体，要想增强体质，就必须使构成人体的各局部都得到锻炼和发展。具体说就是要使身体各部分（如头颈部、躯干部、四肢）、各器官系统（如心血管、肺、神经、胃肠等）功能、各种身体素质以及各种人体基本活动能力都得到发展。有些人认为全面性只是指大肌肉群的活动，这是片面的看法。体质的强弱涉及人体各有关局部的发展，一个不会危及生命的小局部不健全，也会对整体带来不良影响。例如，牙齿坏一个并不危及生命，但它却会给健康造成不良影响，所以古人健身就有“熨面扣齿”之法。青少年正处于快速发育时期，更需注意对身体的全面锻炼，切不可单凭兴趣去参加某一种活动而放弃全面性原则。

（四）意识性原则

意识性原则是指要有意识地从增强体质出发去进行锻炼，而不是盲目地或无目的地乱练一气。人的活动除了有机体的自律活动和反射活动之外，所有的随意活动都伴随着一定的意识。盲目性不是无意识，而是意识不清、意识程度肤浅、意识的指向性错误。增强体质的意识与竞技比赛意识有极大区别。在科学锻炼身体的过程中，要把意识指向发展身体、增强体质的目标，而不能指向单纯提高运动竞赛成绩和夺标上。有些青少年把参加体育锻炼的意识指向比赛、指向娱乐，而把增强体质看做是练习过程中自然可达到的结果，这就收不到发展身体、增强体质的效益。所以，在参加体育锻炼过程中，每一个人都要树立和增强正确的意识。

（五）个别性原则

个别性原则是指在锻炼过程中，要根据个人的特点去安排锻炼的方法、内容和运动负荷。每个人的体质都有各自的特点，只有针对这个特点去锻炼才能收效。所以，这个原则就是要求按个人特点选择手段和运用方法。要贯彻这一原则，需要对自身有一个了解，这就需要对身体的形态、机能、素质和运动能力等进行测量和评价（这些已在其他提示中介绍），在取得一定数据的基础上，作出自己应该选择的锻炼方法。例如，一个学生心肺功能较差，跑的能力不强，他就可以针对自身的弱点，在锻炼中增强这方面的内容。当前国内外提倡在锻炼中实行“运动处方”的方法，正是这一原则的重要性被人们重视的反映。

三、晨练注意事项

日常生活中，不少人都很喜欢进行晨练。适当晨练可使人全天充满活力，并可减少焦虑、改善睡眠质量。但是晨练一定要注意科学性。

1. 不要在空腹或饱腹状态下晨练。可吃些食物，至半饱后稍事休息再到户外进行晨练。

2. “闻鸡起舞”不宜提倡。有的人清晨三四点钟即爬起来锻炼，然后再回去睡个“回笼觉”，这样不但易吸入污染空气，还会使生物钟错乱，导致疲劳、早衰。最好是等太阳出来后再开始晨练，因为日出前地面空气污染最重且此时氧气也少，日出后绿色植物开始光合作用，吸入二氧化碳吐出氧气，空气方达清新。

3. 气温过低不宜晨练。秋、冬季早晨若气温过低或气温突降不宜晨练，尤其是体弱者，体温调节能力差，受冷易病。

4. 阴雨天忌在林中晨练。虽然雨天仍可进行晨练，但不宜在树林中练。因树木此时未受阳光照射仍处于吸氧吐碳状态，容易使人二氧化碳中毒。

5. 雨雾天气不宜晨练。现在的“雾”与过去的“水雾”不同，由于污染严重，现在的“雾”多为“污染雾”，细小的雾滴含有大量污染物质和致病菌，晨练时呼吸量增加，会吸入更多的污染物，严重者会产生呼吸困难、胸闷、心悸等。[1]

四、思维练习

发现藏在紫罗兰中间的拿破仑、他的妻子和儿子的轮廓了吗？

---

〔1〕 资料来源：晨练百科，http://chenlian. baike. com/category - 0. html? m = article & baike_ id = 10120 & id = 294150.

小荷任务表

1. 你有晨练的习惯吗？列举你没有的原因。

2. 你为什么推迟做一些事情，你在等什么？

3. 你想坚持晨练吗？想达到怎样的效果？

4. 设定你早起晨练的行动计划，采取的步骤是什么？

5. 设定你实施计划的自我奖励。

裁切线

小荷日志

真实地记录你在项目训练前后的心路历程：

裁切线

课程2：高空断桥

勇气就是一种坚韧，正因为它是一种坚韧，才使我们具有任何形式的自我否定和自我战胜的能力。因而，正是借助于这一点，勇气多少也与德行发生了关系。

——叔本华

高空断桥

一、课程概述

高空断桥是一个以个人挑战为主的项目，它属于高空类心理冲击的项目，整个过程需要独立完成。“断桥一小步，人生一大步”浓缩了这个项目的精华。

课程性质：室外场地项目；

课程形式：高空项目；

课程时间：100 分钟；

课程人数：15 ~ 20 人。

二、场地器材

高空专项器材、铁锁、滑轮、安全带、扁带、头盔、动力绳、护腿板。

三、课程目的

1. 体验面对恐惧、面对困难的心态；

2. 学习自我激励、感受鼓励他人与获取鼓励的重要性；

3. 学习分析风险、化解风险的能力。

四、安全要求

1. 严重疾病史，或医生建议不适合此类挑战项目的，可以不参加；

2. 摘除身上穿戴的所有硬物，穿戴安全装备，进行多次检查，并安排专人进行全面检查；

3. 要求体验者及保护组严格遵守操作流程。

五、课程实施

1. 要求学会安全带、头盔及锁具的使用方式。

2. 穿戴并检查好安全装备，接受队友激励后，爬上高空断桥的桥面，沿板走到桥前两臂侧平举，然后大声问："准备好了吗?"听到回答后，数"1、2、3"，跨步跳到桥板另一端。然后按同样要求原路跳回。

3. 在断桥上严禁助跑、双脚跳越，注意两手不要扶绳，禁止紧拽保护绳。完成后爬下，落地时避免下跳。

4. 解下安全装备，放回原处，下一位挑战者准备。

六、思维练习

仔细看这幅图，发现问题了吗？问题在哪？

小荷任务表

1. 对于独立完成一项任务的恐惧和对任务本身的恐惧，你更倾向于哪一个？

2. 你遇到过哪些恐惧的事情？是如何面对的？

3. 别人的激励或帮助对你有益吗？如果有益，那么是什么？

4. 你对别人的贡献是什么？

裁切线

小荷日志

真实地记录你在项目训练前后的心路历程：

裁切线

课程3：攀绳

顽强的毅力可以征服世界上任何一座高峰。

——狄更斯

攀 绳

一、课程概述

攀绳最初是为了适应生产活动和军事斗争的需要而产生的。在山区的日常生产劳动中，人们遇到陡崖峭壁便需要悬绳拉索进行攀援，而攀援时便需要一定的爬绳技巧。此外，据《后汉书·南匈奴传》中记载，在一次战争中，汉军“绳索相悬，上通天山，大破乌桓”，可知在当时，攀绳也是一个非常有效的作战手段。

课程性质：室外场地项目；

课程形式：高空项目；

课程时间：100 分钟；

课程人数：14 ~ 20 人。

二、场地器材

高空器材、短扁带、主锁、钢锁、8 字环、静力绳、动力绳、半身式安全带、头盔、防滑粉袋。

三、课程目的

1. 了解和学习攀绳的基本方法；

2. 培养队员敢于面对和自我挑战的意识，体验其无穷魅力和带来的身心愉悦。

四、安全要求

1. 由专业人员检查场地及器材安全，讲解装备的正确使用方式；

2. 学习五步收绳法，掌握保护技术要领及注意事项；

3. 队员身体有严重疾病史，或医生建议不适合此类挑战项目的建议不参加；

4. 摘除身上所有硬物，并多次检查安全装备。

五、课程实施

1. 队员与保护者各自做好准备；

2. 相互检查保护装备（专业人员监督检查过程）；

3. 队员向保护者发出“开始”信号，保护者回复“准备好”信号；

4. 队员开始攀登、保护人员严格操控绳索；

5. 队员登顶后发出下降信号，保护者放绳索；

6. 队员返回后，向保护者表示感谢，依次挑战；

7. 动作要领：①节省手部力量；②控制重心；③有效休息；④主动调节呼吸。

六、思维练习

稍长些时间注视图片，会有什么变化呢？原因是什么？

小荷任务表

1. 你知道有哪些方面会阻碍你保持顽强的毅力吗？

2. 当心里发出妥协的反应时，你是面对还是回避？

3. 你知道自己意志品质的特点和优势是什么吗？

4. 你从这项训练中获得了什么？

裁切线

小荷日志

真实地记录你在项目训练前后的心路历程：

裁切线

课程 4：高台演讲

能够使我飘浮于人生的泥沼中而不致陷污的，是我的信心。

——但　丁

高台演讲

一、课程概述

高台演讲是在设定的高台上，面对下面的众人，按照既定题目在规定的时间用规定的方式进行演讲，以此锻炼自己在特殊情况下的逻辑思维和语言表达能力。有人说：演讲就是生产力。也有人说：演讲是领导力最重要的组成部分。

课程性质：室内/室外场地项目；

课程形式：个人挑战项目；

课程时间：100 分钟；

课程人数：14～20 人。

二、场地器材

宽敞开放场地、一米以上的高台、笔、本。

三、课程目的

1. 锻炼在公众面前的语言表达能力；
2. 提高学习和倾听的能力；
3. 学会对主题任务的全面掌握和分配；

4. 体会项目进行过程中的感受和心得，并与大家分享。

四、安全要求

1. 要求上下讲台时注意安全，禁止跳下演讲台；

2. 禁止使用不文明用语。

五、课程实施

1. 个人挑战项目，在特殊压力的情景下，所有队员轮流到高台上进行演讲；

2. 从双脚站到高台上开始，计时3分钟；

3. 一分钟讲过去，一分钟讲现在，一分钟讲未来。若演讲时间未到，请继续留在台上。[1]

---

〔1〕 资料来源：［美］艾尔·赛克尔：《提高观察力的200个思维游戏》，卢小梅译，黑龙江科学技术出版社2007年版。

六、思维练习

这张图看起来是老妇人还是年轻的仕女？

小荷任务表

1. 你的自信心源于何种动机？

---

2. 你有怎样的自信？你能否做到以下几点？

（1）证明自己，接受自己的优点和缺点；

（2）面对压力，知道压力是来源于自己或别人；

（3）欣然接受别人的鼓励和赞扬；

（4）向自己和别人承认你的感觉、缺点和真实想法。

3. 你在这个项目中的自我表现如何？

裁 切 线

小荷日志

真实地记录你在项目训练前后的心路历程：

裁切线

第二部分

伙伴关系

课程1：信任背摔

如果把礼仪看得比月亮还高，结果就会失去人与人真诚的信任。

——培　根

信任背摔

一、课程概述

大家都是一艘即将沉没的海船上的船员，船上仅有的救生艇都已经坐满了人，可是还有一位同伴在甲板上没有搭上救生艇。如果三分钟内这个同伴没有安全地搭上救生艇，那么我们就将失去这位可爱的同伴。与此同时，救生艇已经达到饱和，如果站在甲板上的同伴就这样跳上救生艇，很可能会冲击到救生艇从而使大家都沉入大海。如何让我们的同伴安全地上艇，又不威胁到其他同伴呢？我们必须寻找一个最安全、最稳妥的办法。

课程性质：室外场地项目；

课程形式：中低空项目；

课程时间：80～100 分钟；

课程人数：12～16 人，其中男士不少于 3 人。

二、场地器材

地面无尖、硬物体，周围无障碍物，平坦松软。

1. 背摔台：钢铁材质，坚固结实。平台高 1.3 米～1.6 米，面积不小于 2 平方米。一侧有梯子，平台两侧有 1 米以上栏杆，可用相同规格的墙壁、高台替代。

2. 背摔绳：布制，柔软有弹性。长 0.8 米，宽 0.05 米。

3. 背摔垫：长 2 米、宽 1 米海绵垫。

三、课程任务

1. 每一个队员都要依次站在背摔台上，背对大家从台上向后倒下来，其他队员用手臂将他接住，每个人都要完成个人挑战；

2. 每一个队员都要参与到团队配合之中，搭建“人床”接住其他队友；

3. 体会项目进行过程中的感受和心得，并与大家分享。

四、安全要求

1. 穿戴运动服、运动鞋；

2. 取掉身上的眼镜、手机、发卡、胸针、戒指、手表等硬物；

3. 以下队员不能参加此项目：腰部、颈椎、脊背在近一年内受过伤的；患有严重心脏病、脑血管疾病、高血压等的；身体感觉明显不适的。

五、课程实施

1. 准备部分。

（1）慢跑；

（2）热身操。

注意对颈部、肩部、手腕、膝盖、脚踝进行专门的热身活动。

2. 团队配合部分。

（1）找一个与自己体型差不多的队员组成搭档。

（2）搭档面对面站立，伸出侧腿弓步站好，两人脚尖相扣，膝盖内侧相抵，上体保持正直，腰部用力，保持自己的重心稳定；双臂向前平举与肩同高，掌心与肘窝内侧向上，双臂与对方交叉，双手叠放于对方大臂处，双臂自然微曲绷住，四条臂膀平行交错，均匀排列。

（3）同上，身高相近的队员两两结成小组，各组学员之间必须肩与肩挤紧，至少 6 组形成“人床”。“床尾”靠紧背摔台，一名队员双手分别抵住“床头”两名队员的肩膀，压紧人床。所有队员抬头 45°向后仰看挑战者的后脊，挑战者倒下后，队员要将挑战者平稳地接住，先让脚缓缓地接触地面，等挑战者站稳之后才能把手松开。

（4）第二、三、四组（最靠近背摔台的为第一组）为力量较大的男生，“人床”之外其余的队友在“人床”四周推住队友的后背，以加固整个“人床”。

3. 个人挑战部分。

（1）在登上背摔台挑战之前，要大声地喊出自己名字和即将要挑战的项目，其他的队员要为你“充电”加油。例如：“我叫 × ×，我要挑战信任背摔！请大家支持我！”

（2）来到背摔台上，听从教师的指挥，双臂平伸，双手外翻，双臂胸前交叉，掌心相对，十指交握，由内向上翻到胸前，双肘紧贴在体侧，拳头贴在胸前，与下颚保持一定距离，教师会用背摔绳在手腕处捆扎。背向队友，立正站在背摔台边沿，收下颚，绷直身体，不要向后看。

（3）向后倒时身体不要倾斜，不要跳下，不要向后跃出，落下后双脚不要抬起。

（4）当听到教师允许倒下的口令后，要大声问下面队员："准备好了吗?"下面队员会异口同声回答："准备好了!"挑战者再大声数："1、2、3!"然后保持身体正直倒下。

六、思维练习

你看到的是楔形线还是平行线?

小荷任务表

1. 你们的团队是否很好地保护了队友？

2. 你信任别人吗？你是否这样做过？

(1) 责怪别人；

(2) 习惯去指挥别人；

(3) 对别人发脾气或发出怨言；

(4) 无视别人的需求和建议；

(5) 对别人大喊大叫甚至羞辱别人；

(6) 嘲讽或贬低别人的成功。

3. 你不能够很快信任别人的原因是什么？

裁 切 线

小荷日志

真实地记录你在项目训练前后的心路历程：

裁切线

课程2：沟通排序+同进同退

做一个好听众，鼓励别人说说他们自己。

——戴尔·卡耐基

同进同退

一、课程概述

沟通排序属于“切断感觉训练”中的一种。既考验队员们沟通能力，也锻炼小组队员的应变能力。

同进同退作为团队趣味竞赛，通过队员的沟通合作，锻炼队员节奏把控和协调能力。

课程性质：室内/室外场地项目；

课程形式：地面项目；

课程时间：45 分钟；

课程人数：30 人左右。

二、场地器材

宽阔平整的场地、粉笔、秒表、白纸。

三、课程目的

1. 培养团队成员的沟通意识，提高沟通技巧和应变能力；

2. 提高协作能力和节奏把控的能力。

四、安全要求

1. 要有平坦的场地，不能有石头、木棍等危险硬物；

2. 需要穿运动服装。

五、课程实施

1. 沟通排序。

（1）在本次活动当中，不能发出声音，不能使用书面文字及通信设备；

（2）任何人在任务完成前不得踩线，身体的任何部分触及规定区域以外的地方都算犯规；

（3）活动要求：按照所有队员生日中的月和日进行排序，完成后举手示意；

（4）多组参加，进行比赛，在都正确的情况下，完成速度快的队伍获胜。

2. 同进同退。

（1）将不同小组带到不同的“岩浆”边，彼此并行肩搭肩或臂挽臂站在“岩浆”以外；

（2）全体队员同时迈过“岩浆”到达对岸，

然后快速回来计为一次；

（3）练习 5 ~ 10 分钟后进行每组 40 秒挑战，各组目标按照完成量计算应不少于 25 个；

（4）进行三轮挑战，取最好成绩评比。

六、思维练习

在这张图片中，你看到了几张面孔？

小荷任务表

1. 与别人沟通出现障碍时，你是容易烦躁焦虑还是设定放松的氛围？

2. 与别人沟通时，你一般会设定怎样的轻松环境？

3. 你对被沟通者的需求和感觉是否敏感？

4. 你善于倾听吗？能否与别人平等交流？

裁 切 线

小荷日志

真实地记录你在项目训练前后的心路历程：

裁切线

课程3：盲人方阵

生命的全部意义在于无穷无地探索尚未知道的东西。

——左　拉

盲人方阵

一、课程概述

这是一个以团队挑战为主的项目。名叫盲人方阵，也叫黑夜协作。需要全体队员在切断视觉能力的情况下完成团队任务。

课程性质：室外场地项目；

课程形式：地面项目；

课程时间：90 分钟；

课程人数：14 ~ 20 人。

二、场地器材

平整的开阔场地、绳子、眼罩。

三、课程目的

1. 培养团队成员的沟通意识，提高沟通技巧和决策能力；

2. 了解领导风格对完成任务的影响和重要作用；

3. 科学的思维方式和对知识的运用能力；

4. 团队中不同角色的定位；

5. 理解“失与得”的辩证关系。

四、安全要求

1. 地面平整，周围没有障碍物，以保证安全；

2. 戴上眼罩之后应将双手放置胸前，不得背手行走，严禁蹲坐在地上；

3. 不要猛烈甩动道具，行进过程中要听从教师的指挥，不得向不安全地带行进；

4. 摘下眼罩之后要背对阳光，先闭一会眼睛再慢慢睁开；

5. 避免在烈日或者其他恶劣天气下完成任务。

五、课程实施

1. 在这个活动过程中所有人都要带上眼罩，直到完成任务或者40分钟以后才能摘下眼罩；

2. 利用你们找到的绳子围成一个最大的正方形，所有人相对均匀地分布在这个正方形的四条边上；

3. 组成的正方形要有科学的理论进行说明；

4. 整个活动过程中任何人不得摘下眼罩，当你们确定完成之后，将绳子踩在脚下，并通知老师，得到准许后才可以按照要求摘下眼罩。

六、思维练习

这些竖线条是直的还是弯曲的？

小荷任务表

1. 你注意到以下哪些方面会影响到沟通的有效性了吗？你在哪些方面还需要提升？

(1) 思维方式；

(2) 知识、文化背景；

(3) 工作与生活经验；

(4) 个人兴趣与观点；

(5) 情感和态度。

2. 你习惯用肢体语言与别人沟通吗？你常用的肢体语言是什么？

裁 切 线

小荷日志

真实地记录你在项目训练前后的心路历程：

裁切线

第三部分

团队意识

课程1：齐眉棍

为一件过失辩解，往往使这过失显得格外重大，正像用布块缝补一个小小的窟窿眼儿，反而欲盖弥彰一样。

——莎士比亚

齐眉棍

一、课程概述

我们共同用手指将一根棍子在我们的面前上下移动，手离开棍子即失败，这是一个考察团队是否同心协力的体验。手指上的同心杆将按照规则的要求，完成一个看似简单但却最容易出现失误的项目。此活动深刻地揭示了人与人的协调配合的问题。

课程性质：室内/室外场地项目；

课程形式：地面项目；

课程时间：60 分钟；

课程人数：14～20 人。

二、场地器材

开阔的场地、3 米长的轻棍。

三、课程目的

1. 体会个人与团队之间的关系以及掌握如何处理好自己在团队中的位置；

2. 理解统一指挥和所有队员共同努力对于团

队成功至关重要的作用；

3. 深刻理解高效团队的一个重要特征就是团队制度的健全和团队文化的塑造。

四、安全要求

1. 地面平整干净，体验过程中请勿相互打闹；

2. 严禁玩耍道具，以防误伤自己或他人。

五、课程实施

1. 队员分组成面对面的两组，全部双手水平伸出食指，统一到眼眉附近的高度；

2. 齐眉棍放在每个人的食指上，必须保证每个人食指都接触到齐眉棍，并且手都在齐眉棍下方；

3. 在齐眉棍水平的状态下，从眉的高度降到膝盖的高度，若有人的手离开齐眉棍，项目重新开始；

4. 全员参加，一起体验，解决活动中遇到的问题。

六、思维练习

看到交叉处的灰点了吗？仔细看它并不存在，你能解释这个原因吗？

小荷任务表

1. 你将谁的期待放在首位？别人的还是自己的？

2. 你对自己的期待与别人对你的期待相比，有哪些不同和相同的地方？

3. 你愿意和别人合作去实现目标吗？

4. 选择一个目前对你很重要的事，与别人合作实施。你可以采取哪些步骤去实现？

裁切线

小荷日志

真实地记录你在项目训练前后的心路历程：

裁切线

课程2：电网

团结就是力量和智慧，没有诚意实行平等或平等不充分，就不可能有持久而真诚的团结。

——欧　文

电　网

一、课程概述

在全体队员面前悬挂一张“电网”，网上的洞口大小不一，要求队员在40分钟内，从网的一边依次通过到达另一边。在此过程中队员的任何部位都不允许碰网，否则洞口将被封闭，每一洞口只能一人通过。

课程性质：室内/室外场地项目；

课程形式：中空项目；

课程时间：90分钟；

课程人数：14~16人。

二、场地器材

宽阔平坦的场地、电网绳、绳洞标记、垫子、收纳箱。

三、课程目的

1. 培养行动前群策群力，学习在紧急情况下进行有效沟通的能力；

2. 培养短时间内制订计划和解决问题的能力；

3. 培养合理利用和分配资源的能力，理解节约时间的重要性；

4. 培养严谨的工作作风和耐心、细致的态度；

5. 理解统一行动、服从分配的重要性。

四、安全要求

1. 队员将身上的硬物统一放在收纳箱内；

2. 不得采取威胁自身和他人的危险动作，在实施之前可以和教师沟通；

3. 在被抬学员已经安全通过电网后，先放脚，再放头，在该名学员还没有安全站立之前，任何人不得松手。

五、课程实施

1. 倾听教师宣读的规则，并观察电网及周边情况，做好穿越电网的准备；

2. 迅速组织或参与讨论通过电网的方法，积极参与行动；

3. 在完成任务的过程中要互相鼓励，切忌互相指责和埋怨；

4. 不要做鱼跃等危险动作，听从教师和同学的劝阻和建议；

5. 当所有人通过电网之后，为你团队的优秀表现欢呼吧，并和大家谈谈你的心得和体会。

六、思维练习

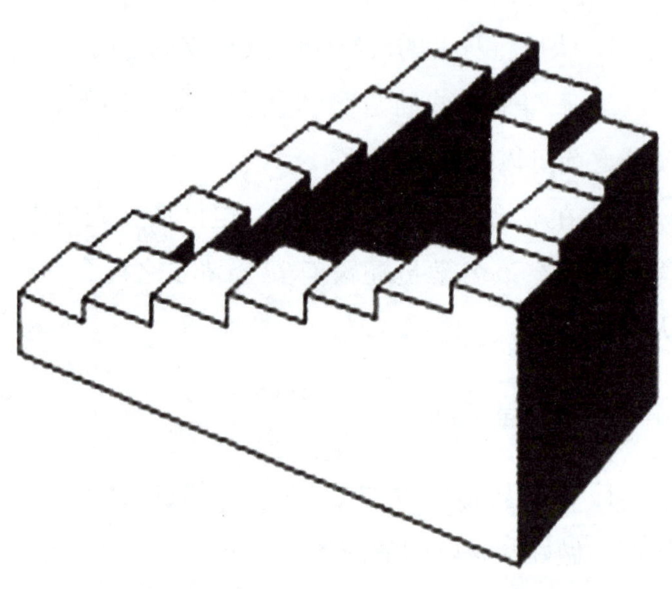

这些阶梯这么排列可能吗？

小荷任务表

1. 当我们面对这张电网时，第一想法是什么？ 对顺利通网把握有多大？

2. 我们可以利用的资源是什么？

3. 被人抬起后，我们的感受是怎样的？ 要做的事情是什么？

裁 切 线

小荷日志

真实地记录你在项目训练前后的心路历程：

裁切线

课程 3：搭书架

人们在一起可以做出单独一个人不能做出的事业，智慧＋双手＋力量结合在一起，几乎是万能的。

——韦伯斯特

搭书架

一、课程概述

搭书架也叫建品格，是一个风靡世界的活动项目。通过搭建过程，感悟协作中细节的重要性并发现规律的价值，以此来优化团队，提高鉴别能力，并运用于实践。

课程性质：室内/室外场地项目；

课程形式：地面项目；

课程时间：90 分钟；

课程人数：30～40 人。

二、场地器材

任务书、专用书架板、便签贴、中性笔。

三、课程目的

1. 培养队员的阅读理解和思维逻辑能力；
2. 培养学生实际操作的能力；
3. 培养总结经验和发现规律的能力；
4. 理解团队分工和决策对团队绩效的影响。

四、安全要求

1. 地面平整干净，铺有垫子；

2. 轻拿轻放，防止手指夹伤，不准拿板子开玩笑；

3. 禁止强硬拼接，避免道具破裂。

五、课程实施

1. 观察手中的任务书，按照时间要求快速了解任务情况；

2. 发放书架木板，以最快的速度完成“书架”图形，可用便签；

3. 完成后分享交流，观察其中连接的规律并拆开；

4. 进行第二次搭建，再次寻找规律并拆开，进行第三次搭建，并比较前两次时间差；

5. 可以小组之间进行比赛。

六、思维练习

黑色正方形有几个？白色正方形有几个？谁最大？

小荷任务表

怎样能将自己想表达的批评组织成建设性的提议？

（1）你会在什么样的时间点提出批评？

（2）你会在提出批评的同时表达自己的感受吗？

（3）你会换位思考对方的状态和处境吗？

（4）你会说明你不满意的原因，并提出具体改进的请求吗？

裁切线

(5) 你会说明改进方式将给大家带来的益处及对方当前行为对大家的负面影响吗？

(6) 你会在批评的同时请对方参与寻找解决方案吗？

(7) 你会在与对方达成共识后，向对方表达感谢吗？

裁切线

裁切线

小荷日志

真实地记录你在项目训练前后的心路历程：

裁
切
线

课程4：七巧板

想象困难做出的反应，不是逃避或绕开它们，而是面对它们，同它们打交道，以一种进取的明智的方式同他们奋斗。

——马尔兹

七巧板

一、课程概述

七巧板是中国人发明的，又名“益智图”，这是一项利用资源整合得到利益最大化的活动。

课程性质：室内项目；

课程形式：地面项目；

课程时间：90 分钟；

课程人数：14~35 人。

二、场地器材

红、黄、蓝、绿、橙色的五套拓展训练专用七巧板，图纸，任务书，计分板。

三、课程目的

1. 培养沟通技巧和沟通能力；

2. 学会巧妙处理团队目标和个人目标之间的关系；

3. 明确领导者在整个项目中的角色定位；

4. 学会资源合理整合的方法；

5. 理解大团队和小团队之间的关系，达到共赢的目的。

四、安全要求

1. 不可以抛、掷、传递七巧板；

2. 不得使用过激言语和动作进行沟通；

3. 坐在自己的区域之内，不经允许不得起立或者随意走动。

五、课程实施

1. 所有学员报数分成 7 个组，坐在固定的位置，在 40 分钟内完成规定的任务；

2. 身体不可以离开固定座位，控制好距离；

3. 任务书不得传递，七巧板的图纸可以传递；

4. 按照任务书完成规定任务，完成一项任务及时通知培训师进行检查；

5. 注意观察得分情况，努力完成更多的任务，获取更高的分数。

六、思维练习

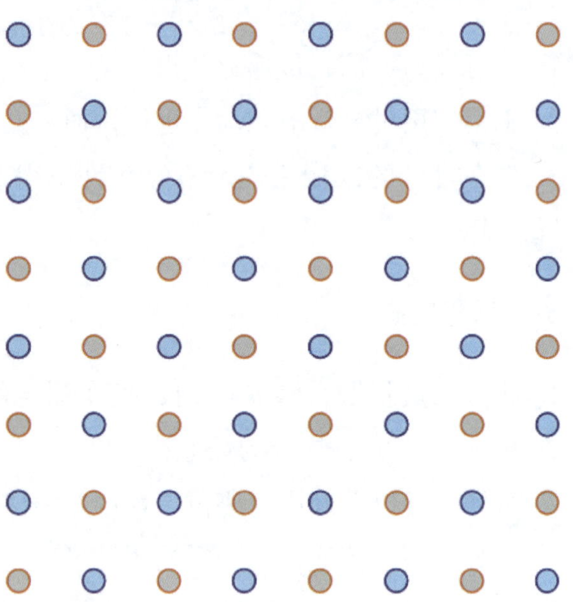

环顾图片，小圆圈有什么变化，你能感觉得到吗？

裁切线

小荷任务表

1. 当你做一件事情之前，你会注意到事情的要点和要求吗？你是怎样做到的？

2. 如果你是一个事后评论家，你觉得哪些地方可以做得更好？

3. 你与别人共事中产生了分歧，你会怎么办？你会将别人正确的批评当做一个建议或提议来考虑吗？

小荷日志

真实地记录你在项目训练前后的心路历程：

裁切线

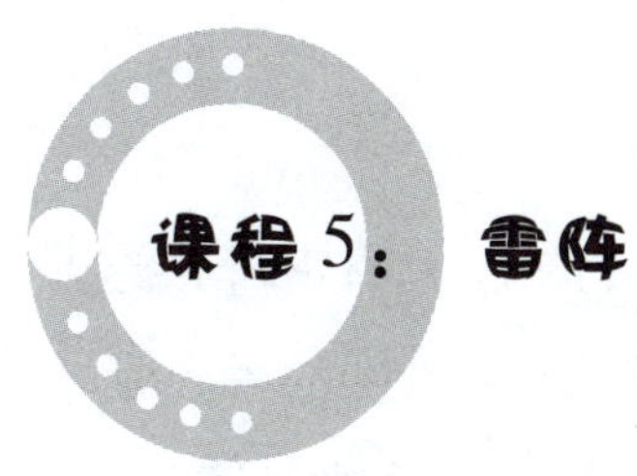

课程5：雷阵

聪明的人决不会等待机会，而是攫取机会，运用机会，征服机会，以机会为仆役。

——肖　邦

雷　阵

一、课程概述

这个场地拓展训练项目的名字叫雷阵，这是一个团队协作项目，具有针对性和挑战性。所有队员要在规定的时间内经受考验，通过雷阵。

课程性质：室内/室外场地项目；

课程形式：地面项目；

课程时间：90 分钟；

课程人数：14 ~ 20 人。

二、场地器材

雷阵图、硬皮夹、笔和教师用图 1 张、墨镜一副。

三、课程目的

1. 培养队员勇于尝试、不断探索的精神；
2. 培养队员的创新意识，突破定势思维；
3. 树立队员成本观念，吸取经验教训，少走弯路；
4. 培养善于利用工具与资源的能力。

四、安全要求

1. 场地内清扫干净；

2. 野外铺设雷阵图前要清理地上的尖、硬物品。

五、课程实施

1. 请同学们注意倾听项目规则，项目开始后教师将不回答任何问题；

2. 这个项目叫雷阵，正方形内为雷区；

3. 活动要求所有学员从雷区的入口开始，依次通过雷阵，成功到达雷区的另一边，要求在 40 分钟以内完成；

4. 雷区内只允许 1 人进入；

5. 每走一步只能迈进相邻的格子里；

6. 每走一步未被确认的新格子时，要听培训师的口令，口令有两种："请继续"，示意继续前进，或者"对不起有雷，请按原路返回"，学员退出雷区，换另一人进入；

7. 全队按时完成为 100 分，每违例一次扣 1 分，违例现象有 4 种：重复触雷、未按原路返回、踩线或未进入相邻的格子以及进入雷区的人数多于 1 人。

六、思维练习

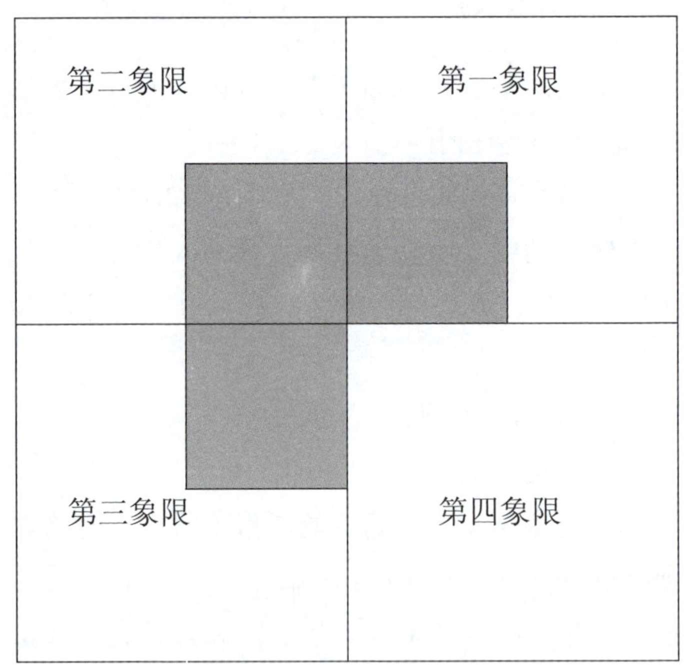

1. 道具准备：白纸、铅笔。

2. 请注意参照上述图形，再独立完成一个正方形。

3. 任务总共分四步：

第一步：将第一象限中非阴影部分的面积用一条直线分为两个部分。（要求：被分割出来的图形面积相等，形状相同。时间为1分钟。）

第二步：将第二象限中非阴影部分的面积用两条直线分为三个部分。（要求：被分割出来的图形面积相等，形状相同。时间为1分钟。）

第三步：将第三象限中非阴影部分的面积分为四个部分。（要求：被分割出来的图形面积相等，形状相同。时间为2分钟。）

第四步：将第四象限中非阴影部分的面积分为七个部分。（要求：被分割出来的图形面积相等，形状相同。时间为2分钟。）

4. 启示。这个游戏是一个洗脑的过程，首先通过前三项由浅及深的思考过程让你陷入一个思维模式中去。然后再回到简单问题的思考中去时，我们就会因为自身固已形成的思维定势或经验而将问题复杂化。

小荷任务表

1. 面对可能的风险，你是怎样做的？

   (1) 沉默者，默默独自思索；

   (2) 旁观者，听别人什么想法并随大流；

   (3) 沟通者，与大家讨论自己和他人的观点；

   (4) 挑战者，愿意面对可能的责难而去尝试。

2. 对于失败的理解和失败的意义，你是如何理解的？

3. 你对团队的贡献是什么？

裁切线

小荷日志

真实地记录你在项目训练前后的心路历程：

裁切线

课程 6：荆棘取水

任何问题都有解决办法，无法可想的事是没有。

——爱迪生

荆棘取水

一、课程概述

感受团队中每一个学员都有其特殊价值，在不同情况下成员间优势与弱势是相对的，如果合理使用，他们之间可以相互转换，这会有助于提高团队完成任务的能力。

课程性质：室外场地项目；

课程形式：地面项目；

课程时间：90 分钟；

课程人数：14～20 人。

二、场地器材

开阔平坦场地、静力绳、小水桶、纸杯、手套。

三、课程目的

1. 学习在任务面前如何做好团队的分工与合作；

2. 理解个人与团队之间的关系，关键人物对完成任务的影响和重要作用；

3. 培养克服困难、抵抗压力的能力，培养团队合作精神。

四、安全要求

1. 场地是否有尖锐物品，确保保护绳的使用安全；

2. 身上不要携带坚硬物品；

3. 道具的使用要经过教师的检查和许可。

五、课程实施

1. 在直径5米左右的“荆棘”丛中有一杯水，需要在40分钟之内将它取出；

2. 活动中任何人和任何物体不得触及“荆棘”地带，否则将会受到处罚：人触“荆棘”将变成盲人，物触“荆棘”后“荆棘”会发放出毒气，每回都将造成一人变成哑人；

3. 我们可以利用仅有的两根绳索，在取水的过程中水滴不得溅落出来，否则视为失败，如需重新开始，每人罚做5个俯卧撑；

4. 活动中注意安全，将手上佩戴的饰物摘除，并将身上不利于活动的着装、硬物摘除并放在安全的地方；

5. 活动过程中出现危险动作或培训师叫停时，活动需立即停止。

六、思维练习

环顾这张图片，小圆圈看起来好像忽明忽暗。你能感觉得到吗？你能分析其中的原因吗？

小荷任务表

1. 起初面对这个任务时，我们的第一感觉是什么？ 是否产生了轻视心理？

2. 在选择取水队员时，我们的评价指标是怎样确定的？

3. 在团队中，优势互补是极其重要的一部分，可以就此结合生活详细谈谈？

裁 切 线

小荷日志

真实地记录你在项目训练前后的心路历程：

裁切线

课程 7：急速 60 秒

每个人心中都应有两盏灯，一盏是希望的灯光；一盏是勇气的灯光。有了这两盏灯光，我们就不怕海上的黑暗和风涛的险恶了。

——罗　兰

急速 60 秒

一、课程概述

“急速60秒”要求在规定的60秒内，队员在指定区域按照从小到大的顺序拿到30张卡片，并将其按照要求交给培训师。每队进场后，绳圈内只能有一名队员，只有绳圈内的队员能够触碰圈内卡片。这个项目使大家充分认识到在团队之中沟通和分工的重要性，进一步增强团队的凝聚力。

课程性质：室内/室外场地项目；

课程形式：地面项目；

课程时间：90分钟；

课程人数：30人。

二、场地器材

直径4米的绳圈、1~30的数字信息卡片。

三、课程目的

1. 提高团队协作能力和遵守纪律的能力；
2. 培养团队全体人员合理分工共同协作的参

与意识；

3. 培养团队处理突发事件的能力；

4. 学习和运用最有效的沟通方式。

四、安全要求

1. 地面平整干净，绳圈内铺有衬垫；

2. 跑动过程中请勿相互打闹，防止摔伤。

五、课程实施

1. 宣布规则，要求队员在指定位置讨论；

2. 固定不动的绳圈内有 1～30 的数字信息卡片，卡片正面朝上；

3. 队员每次进场要求在60 秒内把圈内信息卡片按照从小到大的顺序准确无误地排好并交给教师；

4. 绳圈内只能有一位队员且只有这位学员可以碰绳圈内的卡片。

六、思维练习

如图：怎么画（怎么串）？

要求：用一条直线将 9 个点一笔连起，看看试试，怎么样？

小荷任务表

1. 你知道解决问题的最好方法是合理利用资源吗？你有什么经验吗？

2. 效率的关联词有哪些？你都运用过吗？

3. 你清楚自己在计划中的角色和任务吗？

4. 当实施过程中发现与计划相冲突的问题时，你是怎样解决的？

裁切线

小荷日志

真实地记录你在项目训练前后的心路历程：

裁切线

课程8：巨人天梯

现实是此岸，理想是彼岸，中间隔着湍急的河流，行动则是架在河上的桥梁。

——克雷洛夫

巨人天梯

一、课程概述

所有队员结成两人或三人一组，相互帮助向上攀爬，争取达到各自的最好成绩。

课程性质：室外场地项目；

课程形式：高空项目；

课程时间：120 分钟；

课程人数：14 ~ 16 人。

二、场地器材

专项训练架、动力绳、铁锁、扁带、头盔、主锁、8 字环。

三、课程目的

1. 锤炼挑战者坚韧不拔的品质以及应当具备的自我完善精神与在生活学习中应始终坚持的永不放弃、追逐胜利的自信心；

2. 体验团队相互协作的精神；

3. 体会阶段性目标对于实现最终目标的重要意义；

4. 认识到借鉴他人成功经验是提高团队效率的有效途径；

5. 珍惜别人的帮助，懂得感恩是更进一步的基础。

四、安全要求

1. 穿戴运动服、运动鞋；

2. 取掉身上的眼镜、手机、发卡、胸针、戒指、手表等硬物，穿戴安全装备并进行多次检查，并安排专人进行全面检查；

3. 以下队员不能参加此项目：腰部、颈椎、脊背在近一年内受过伤的；患有严重心脏病、脑血管疾病、高血压等的，身体感觉明显不适的；

4. 不得拉拽胸前的保护绳及两边的钢缆；

5. 互相协助时，要进行充分沟通，合理使用踩踏和拉拽动作，避免受伤。

五、课程实施

1. 做好热身活动，挑战者摘掉身上硬物饰品；

2. 由三人或者两人组成一个小组；

3. 穿戴好保护装备，接受队友的激励；

4. 按照要求向上攀登，到达顶部即宣告任务完成；

5. 你完成挑战之后，要保护你的队友或者为他们加油。

六、思维练习

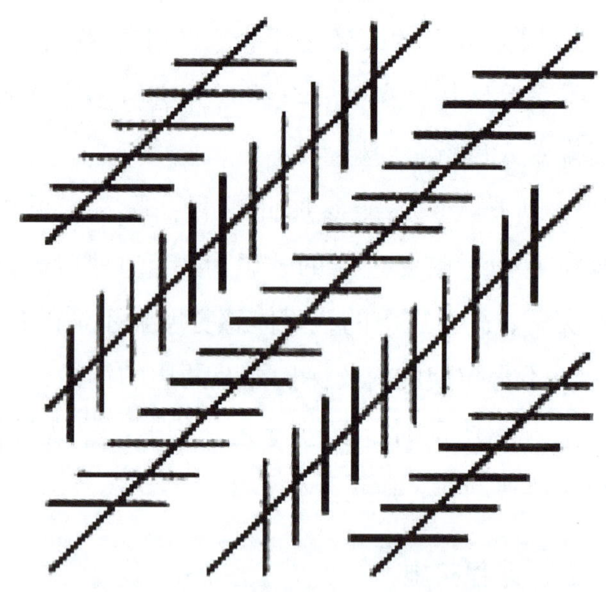

看图中哪些线是平行的？请找出图中的平行线。

小荷任务表

1. 完成一项任务后，你容易对什么念念不忘？

2. 在一项任务中，你喜欢做领导者、执行者还是旁观者？

3. 你对奉献的理解是什么？

4. 考虑一个情景，你在该情景中感受到力量和支撑，你做了什么导致了这些感受的产生？

5. 考虑一个情景，你在该情景中缺乏力量和支撑，你做了什么导致了这些感受的产生？

裁切线

小荷日志

真实地记录你在项目训练前后的心路历程：

裁切线

第四部分

暖场游戏

课程 1：百般问好

百般问好

1. 集合好后，教师示范不同的问好方式；

2. 队员们学习不同的问好方式同时和其他队员相互打招呼。

礼仪示范

1. 招手礼：见面的两人，相互招手致意。

2. 握手礼：日常生活中最常用的见面礼仪，亲密的友人之间还可以一边握手一边拍拍对方的肩膀。

3. 击掌礼：马来西亚人在欢迎客人时，要先拉住对方的手，然后掌心相对，击掌一下，再用手背相对拍一下，最后把双手放在唇边或前额，礼毕之后才开始交谈。

4. 伐木礼：源自非洲原始森林伐木时的场景。两人面对面站立，左脚在前，右脚在后，呈弓步站立，一手在上轻握对方竖起的拇指，一手在下竖起拇指，伸向对方，对方用同样的动作相互握紧，做出拉锯子的动作，同时相互问候。

5. 捕鱼礼：日本某岛屿渔民出海捕鱼丰收的场景。两人面对面站立，伸出右手握住对方的手腕位置，同时快速的连续轻轻拍打对方的手臂，预示着抓住了一条活蹦乱跳的大鱼。

6. 挤奶礼：源自新西兰牧场挤牛奶时的场景。见面的两人伸出双手，掌心相对，手指交叉握住，然手内旋至拇指朝下，对方就握住朝下的拇指，问候对方，然后互换。

其他礼仪

1. 澳洲的毛利人喜欢碰鼻子行礼，表示亲切和友好。

2. 印度人和毛利人的问候方式相似，见面时以鼻额相碰，彼此紧紧拥抱。

3. 伸舌礼：到尼泊尔山区做客，主人总是伸出舌头表示欢迎。在他们看来舌头和心一样都是鲜红的，红色的舌头代表着赤诚的心和最高礼节。

4. 浇水礼：毛里塔尼亚的莫赛姆人迎客时，主人会用勺子舀水浇在客人头上，被淋的人不能擦拭，以表示感谢之意。

5. 射箭礼：居住在亚马逊河一带的加娃伯族人迎客时，村里全副武装、手持弓箭的武士，要朝天连射数箭，以示威武和迎客隆重。

6. 转圈礼：智利和阿根廷的阿芳堪人迎客时，身着艳装、手执武器的阿芳堪骑士要围着客人转圈，越转越快地把客人迎回村子。

…… ……

课程2：信任不倒翁

信任不倒翁

1. 请所有队员除去身上的硬物，包括眼镜、钥匙、手机等，放在老师指定的场所。

2. 所有队员围成一个肩并肩不留间隙的圆圈，其中一位队员站在圆圈当中。

3. 圈中的队员需将双手交叉抱肩，双脚并拢，腿部并紧，腰部挺直，头部低垂，微微含胸，按上述姿势直立（在所有人都体验过这个姿势后，聆听下一步布置）。

4. 每个参加信任倒的队员，需要首先报出自己的名字，并请大家为自己加油“充电”。

5. 完成充电后，参加挑战的队员需要先闭上双眼，然后做好双臂抱肩的预备姿势，大声询问大家：“准备好了吗”，其他队员弓步下蹲，伸出双手，掌心对着圈中的队员，五指打开做承托准备，然后回答：“准备好了”。

6. 在得到大家的回答后，信任倒队员大声报出“1，2，3”，“3”字出口并且在保持脚步不移动的情况下，身体直倒，由前方的队员双手将其托住，其他的队员作好保护姿势，以防漏接。

7. 由前方队员承接住信任倒队员后，以适当的速度将此名队员向他身后的方向推去，由他后方的队员用双手承托。之后将此队员向左再向右以及顺时针逆时针各转一圈后再将他扶到圆心位置稳定站立为结束。

课程3：女皇圈

女皇圈

1. 所有队员按组分别以顺时针方向站立围成一个圆圈，要求前后两人脚尖与脚后跟挨在一起。

2. 按照培训老师的口令，队员身体前倾30

度，然后轻轻地坐在身后队员的大腿上。

3. 坐下后，所有人松开双手，然后举到空中击掌。

4. 完成空中击掌后，所有队员将手放到前面队员的肩上，并在调整好后试着让整个圈走起来，看哪个队可以坚持走的时间和距离长。

5. 如果只有一组参加活动，那么可以设定一个合适的距离，作为团队挑战。

课程4：团队蹲

团队蹲

1. 所有队员分成人数基本相等的3个以上的小组。

2. 各小组围成一个圆，根据老师的要求各小队给本队取一个名字，两个字最佳，并要求相互记住（各队的名字要求是同一类别的，比如水果类、蔬菜类、人物类……）。

3. 各小组的圆均匀分布在场地中，并保持适当距离，队员们手牵手或双手搭在队友的肩膀上围成一个小圈。

4. 先开始的队伍，比如苹果队，他们就要喊“苹果蹲、苹果蹲，苹果蹲完了，西瓜蹲——”，这时被喊到的西瓜队就要接着喊“西瓜蹲、西瓜蹲，西瓜蹲完，草莓蹲——”，以此类推。

5. 要求蹲齐喊齐，看哪个团队没有形成默契，喊出不一致的声音时，或者在没有喊到自己的队名时误蹲，或者蹲得不齐都视为违规。

6. 要求不能连续攻击一个队伍即连续攻击不能超过两次。提高难度时，每队可以再取一个名字，活动中无论叫到哪个名字都要迅速反应，做出整齐的动作。

课程5：抓手指

抓手指

队员围成一个向心圆，站好，请所有人伸出左手张开，掌心向下，伸向左侧人，然后把右手食指垂直放到右侧人的左手掌心上，手指指向掌心。

保持这个动作，在教师讲一个故事时，当听到规定的字或者这个字的谐音的时候，例如："山"或"三"。左手应设法抓住左侧人的食指，右手应设法迅速逃掉，被抓住的队员或者出现违规的队员接受"惩罚"。

课程6：五毛一块

五毛一块

1. 所有人围成圆圈，老师宣布规则，男生代表五毛钱，女生代表一块钱；

2. 以站立的姿势，在场地中走动起来；

3. 听到老师的指示后迅速组成相应的组合，

然后合影；

4. 最后所有人组成最大的组合。

注意事项：避免拉拽，活动中注意安全，避免磕碰。

课程7：松鼠与大树

松鼠与大树

1. 分组。所有队员1～3报数，3人一组。所有报1和2的同学扮演大树，面向对方，伸出双手举过头顶，掌心向前和对面的人搭成一个塔形作为一棵大树；报3的扮演松鼠，并蹲在圆圈中间；此时没成组的队员则是自由身份，在活动开始后可以扮演大树也可以扮演松鼠。老师或者助教人员担任发令员。

2. 口令有三个：

第一个口令："发大水了"，此时大树不动，扮演"松鼠"的人就必须离开原来的大树，重新选择其他的大树；自由身份者就扮演松鼠并插到大树当中。落单的人表演节目。

第二个口令："刮大风了"，此时松鼠不动，扮演"大树"的人就必须离开原先的同伴重新组合成大树，并圈住松鼠，刚刚落单的人同时快速扮演大树，落单的人表演节目。

第三个口令："地震了"，扮演大树和松鼠的人全部打散并重新组合，扮演大树的人可以做松鼠，松鼠也可以做大树，落单的人表演节目。

3. 口令之后，大家快速行动。落单者将要接受惩罚。

课程8：勾肩搭背操

勾肩搭背操

所有队员围成一个圈，双手搭在相邻队员的肩上，听从老师的口令大家同时（四八拍）头部运动、向内压肩、向外压肩、晃腰（彼此碰胯）、前压左腿、前压右腿、活动脚踝。根据不同的情况可以设定不同的动作。

课程9：交通阻塞

交通阻塞

1. 将n+1个（n为比赛队员人数）塑胶地垫呈一字型在地上铺开（或者在地面画出相应的格

子），全部队员都站在地垫（空格）上，除了中间的一个地垫（空格）。

2. 两队分别在两边相对而站，通过中间的空位进行移动。

3. 移动只能前进一格或跳一格。

4. 完成后两边人互换，并且大家需维持同一个方向。

课程10：牵手结

牵手结

1. 每组队员围成一个并肩而站的向心圆。

2. 所有队员先举起右手，握住对面那个人的右手；再举起左手，握住与自己不相邻的人的左手；此时所有队员的手都握在了一起，形成一个复杂的网，要求全体队员共同努力，想办法把这张乱网解开，整个过程手不得松开，出现反关节动作时可在手保持接触的情况下调整。

3. 提高活动难度时还可以在无声的状态下完成。

注意事项：

1. 课程开始前做热身准备，活动身体各个关节；

2. 手部、肩胛部位受过伤的队员不能参加；

3. 告诉大家一定可以解开，但答案会有两种：一种是一个大圈，另外一种是两个套着的环；

4. 如果过程中实在解不开，可允许相邻两只手断开一次，但再次进行时必须马上封闭。

课程 11：进化论

进化论

在这个活动中所有参加的队员将要扮演不同阶段的角色，然后一步步完成“进化”。

1. 所有人都蹲下，扮演鸡蛋；

2. 相互找同伴猜拳，获胜者进化为小鸡，可以站起来；

3. 然后小鸡和小鸡猜拳，获胜者进化为凤凰，输者退化为鸡蛋，鸡蛋和鸡蛋猜拳，获胜者才能再进化为小鸡；

4. 继续游戏，看看谁是最后一个变成凤凰的；

5. 变成凤凰以后和同一层次的凤凰猜拳，获胜者可以进化成人，来到安全区域。

注意事项：只能跟同一阶段的人猜拳，即小鸡只能跟小鸡猜，而不可跟鸡蛋、凤凰或人猜。

课程 12： 名字叠罗汉

名字叠罗汉

1. 所有人围成圆圈，以站立的姿势或是围坐着都可以。

2. 依次介绍名字和爱好，比如“我是喜欢篮球的张三”。

3. 下一位须在自我介绍前面叠加前面所有人的介绍内容，比如“我是坐在喜欢篮球的张三左边的喜欢旅游的李四的左边的喜欢游泳的王五……”；若降低难度时，下一位可以仅在自我介绍前面叠加前一位的介绍内容，比如“我是坐在喜欢旅游的张三左边的喜欢打球的李四”。

4. 依此类推，直到一圈结束，但是最后一位须将整圈人的名字和爱好复述一遍。

注意事项：可以变化各种有趣的介绍方式，比如加入家乡、星座等。

课程 13：默契报数

默契报数

1. 所有队员围成一个大的向心圆。

2. 活动开始后，按照老师的口令分别往圆内走五步，碰到人则绕开继续走，可根据情况走（比如两步）。

3. 走完五步则立定，然后开始报数，从 1 开始（以上为混乱顺序的方式，也可以请所有人以逛街的方式，随处走动）。

4. 不限制报数的前后顺序，一切由彼此默契决定。

5. 若有成员报相同数目则重来。

6. 直到所有数目都被报过且没有重复，任务才完成。

课程 14：兔子舞

兔子舞

1. 这个活动适合 15 人以上，但人数不宜过多。

2. 所有队员组成一个小队，要求后面的队员用双手搭在前面队员的双肩上，围成一个圈。

3. 按照老师的口令：左脚跳两下，右脚跳两下，双腿合并向前跳一下，向后跳一下，再连续向前跳两下。

注意事项：选择平整、无坚硬物的开阔场地。

课程15：红绿灯

红绿灯

这是一个有趣的暖场小活动，培训老师将会担任交通警察的角色，而每个参加的成员都代表着一辆名贵汽车，并且组成了一支车队，在设置了红绿灯的十字路口，需要按照设定的“交通规则”行驶，通过路口并回到最初的位置上。

1. 把所有成员分为四个小组，分别代表四个车队；

2. 四个小组分别站在以老师为中心的四个方向（前后左右），各成一队列；

3. 在队列中的成员不可以超过前面的成员，也不可以撞到其他队列里的成员；

4. 在老师发出开始的指令时，队列迅速地行动起来通过路口，并在保证不断开、不超前的情况下迅速回归到原来的位置上；

5. 在结束指令发出时，还没有回到原位的车队成员，将要接受惩罚。

第五部分

经典参考课程

课程1：高空DNA

逆境是倾覆弱者生活之舟的波涛；它又是锤炼，强者钢铁意志的熔炉。

——戴　维

高空DNA

一、课程概述

课程性质：室外场地项目；

课程形式：高空项目；

课程时间：150 分钟；

课程人数：14～16 人。

二、场地器材

专项高空训练架、动力绳、安全带、头盔、主锁、钢锁、扁带、滑轮、8 字环、手套。

三、课程目的

1. 克服恐惧、直面困难、挑战自我、激发个人潜能；

2. 培养团队意识和在面对困难时相互帮助的精神；

3. 提高心理抗挫能力。

四、安全要求

1. 穿戴运动服、运动鞋；

2. 取掉身上的眼镜、手机、发卡、胸针、戒指、手表等硬物，穿戴安全装备，进行多次检查，并安排专人进行全面检查；

3. 以下队员不能参加此项目：腰部、颈椎、脊背在近一年内受过伤的，患有严重心脏病、脑血管疾病、高血压等的，身体感觉明显不适的。

五、课程实施

1. 高空 DNA 是以个人挑战为主的高空项目，要求所有队员在规定时间内完成挑战；

2. 学习安全装备的使用方法；

3. 确保安全，接受队友鼓励后，由地面通过扶梯爬到起点做好准备，通过 DNA 软梯，然后从另一侧扶梯爬下；

4. 保护组应该关注通过的队员，避免保护绳卡在 DNA 的木板之间。

课程2：速　降

勇士是在充满荆棘的道路上前行的。

——奥维德

速　降

一、课程概述

速降源自高山探险下撤保护技术，在抢险、运输和军事突袭行动中也经常使用，后来演化成与攀岩、蹦极类似的极限户外运动项目。现在它已分化成崖降、楼降、桥降、溪降等类别。速降是在教练的指导与保护下，借助景点的自然落差，利用绳索由岩壁顶端下降，参与者可以自己掌握下降的速度、落点，以到达地面。虽然并不需要严格的专业技巧，但参与者必须克服对高度、速度的恐惧，具备勇往直前、坚持到底的决心。

课程性质：室外场地项目；

课程形式：高空项目；

课程时间：100 分钟；

课程人数：14~16 人。

二、场地器材

户外活动场地、静力绳、钢锁、主锁、扁带、8 字环、安全带、头盔、手套。

三、课程目的

1. 积极的心态迎接挑战；

2. 克服恐惧、挑战自我、激发潜能；

3. 挑战者学习沿绳下降的技能；

4. 总结项目进行过程中的感受和心得，并与大家分享。

四、安全要求

1. 穿戴运动服装；

2. 取掉身上的眼镜、手机、发卡、胸针、戒指、手表等硬物；

3. 以下队员不能参加此项目：腰部、颈椎、脊背在近一年内受过伤的，患有严重心脏病、脑血管疾病、高血压等的，身体感觉明显不适的。

五、课程实施

1. 学习安全装备的使用方法；

2. 速降是以个人挑战为主的项目，要求从场地的顶端连接好安全装置后，自己控制绳索下降到地面；

3. 速降技术要领：双腿略分开，防止身体向侧面倾倒，身体后倾，一只手固定于臀部，虎口朝向8字环，另一只手握于8字环上方的静力绳或协助握8字环后方的静力绳；

4. 接近地面时速度不可过快，双脚主动触地。

课程3：空中单杠

勇敢做自己，永远不会太迟。

——乔治·艾略特

空中单杠

一、课程概述

在极具危险的环境中，眼前的一根救命横杆是别无选择的机会，只要我们努力过（纵身一跃），不管抓住与否都无怨无悔。

课程性质：室外场地项目；

课程形式：高空项目；

课程时间：100 分钟；

课程人数：12 ~ 20 人。

二、场地器材

海绵垫、高空专项训练架、钢锁、主锁、全身式安全带、扁带、动力绳、8 字环。

三、课程目的

1. 培养克服恐惧勇于直面挑战的信心，激发个人潜能；

2. 体会用积极的心态去争取机会；

3. 学习分析风险和把握机会的能力；

4. 总结项目进行过程中的感受和心得，并与大家分享。

四、安全要求

1. 严重疾病史或医生建议不适合此类挑战项目的，可以不参加；

2. 摘除身上穿戴的所有硬物，穿戴安全装备，进行多次检查，并安排专人进行全面检查；

3. 跳出后禁止抓绳索及主锁，防止受伤；

4. 队员跃出时及时跟紧保护绳；

5. 要求队员及保护组严格遵守操作流程。

五、课程实施

1. 队员学会安全带、头盔及锁具的使用方式，学习“五步收绳法”。

2. 穿戴并检查好安全装备，接受队友激励后，爬上高空站到立柱顶端的圆台上，两臂侧平举。然后大声问：“准备好了吗”，听到回答后，数“1、2、3”，奋力跃出，双手抓向横杆，完成后松开双手。禁止抓绳索，双手抱于胸前，在绳索保护下慢慢回到地面。

3. 解下安全装备放回原处，下一位队员准备挑战。

课程4：爬树课（初级）

只有向自己提出伟大的目标并以自己的全部力量为之奋斗的人，才是幸福的人。

——加里宁

爬树课

一、项目概述

爬树运动是一项惊险刺激的户外运动项目，以攀爬巨树为乐。这项运动于20世纪80年代起源于美国，现在，在美国至少有1000个学校开设爬树课程，练习如何借助于绳子、各种扣子等一整套工具爬树，完成上升、下移、旋转等动作，最终达到在大树间自由穿梭的目的，它并不是简单的徒手爬树玩乐，其形式和攀岩运动较为相近。

课程性质：室外场地项目；

课程形式：高空项目；

课程时间：120分钟；

课程人数：14~20人。

二、场地器材

静力绳、头盔、护目镜、安全靴、止坠器、树木保护器、主锁、钢锁、扁带、树木（以10米~15米的树木为主，树径要达到10厘米以上，冠幅5米~8米，树龄一般10年左右）。

三、课程目的

1. 了解和学习爬树的基本方法，将资源最优配置；

2. 培养挑战者敢于面对和自我挑战的意识，体验其带来的身心愉悦和无穷魅力。

四、安全要求

1. 由专人检查场地及器材安全，学习安全装备的正确使用方法；

2. 学习五步收绳法，掌握保护技术要领及注意事项；

3. 符合队员身体状况要求及摘除硬物。

五、课程实施

1. 队员与保护者各自做好准备；

2. 相互检查（专人监督检查过程）；

3. 队员向保护者发出“开始”信号，保护者回复“准备好”信号；

4. 队员开始攀登，保护者严格操控保护绳索；
5. 队员登顶后发出下降信号，保护者放绳索；
6. 队员返回后，向保护者表示感谢。

课程5：鳄鱼硫酸池（飞越激流）

大鹏一日同风起，扶摇直上九万里。假令风歇时下来，犹能簸却沧溟水。

——李　白

飞越激流

一、课程概述

你们在野外探矿时，岩洞出现部分坍塌，你们小组逃出但还有人被困。你们小组返回营地取出液体炸药回去营救中途被一条爬满鳄鱼的河拦住。你们只能用一条绳子过河，同时液体炸药一滴不许漏出，40 分钟后队友将有生命危险。怎么办？开动脑筋加油吧！

课程性质：室外场地项目；

课程形式：低空项目；

课程时间：90 分钟；

课程人数：14～20 人。

二、场地器材

专用设施、粗绳、细绳、木桩、水桶、眼罩、手套、医用胶布。

三、课程目的

1. 培养队员合理计划、有效组织的能力；

2. 在救援活动中合理节约时间也是对生命的

尊重。

四、安全要求

1. 检查确认绳与立柱是否牢固；
2. 摘除身上所有硬物；
3. 不得贸然尝试跨越。

五、课程实施

1. 宣讲活动规则；
2. 桶里的水距离桶沿 3 厘米；
3. 学员荡绳时用力要柔和，防止摔下或打转；
4. 回顾总结。

课程6：帐篷扎营

对于参加的人来说，这是一项挑战，对于没参加的人来说，这是一个梦想。

——萨　奥

帐篷扎营

一、项目概述

仰望星空，数数星星，看看天际划过的流星，再想一想传说中的牛郎织女，品尝着美味佳肴，听听野外小虫的鸣叫，任轻柔的晚风在脸上抚过，多美妙的感觉。孩子们把露营当做一种野趣，情人们把露营当成一种浪漫，长者把露营定义为返璞归真，学者也鼓励大家无论老幼都应多参与户外活动。

课程性质：野外项目；

课程形式：野外项目；

课程时间：不限；

课程人数：8 人以上。

二、场地器材

天然帐篷、帐篷、扎营手册。

三、课程目的

1. 通过协作完成户外帐篷的扎营技巧；
2. 所有人一起轮流观察队友们的帐篷，并互相分享经验。

四、安全要求

1. 轻拿轻放道具，防止被帐篷杆扎伤；
2. 避免工具砸伤手脚。

五、课程实施

1. 仔细阅读扎营要求，学习帐篷的使用方法；
2. 练习时强调爱护物品和注意安全。

课程7：穿越

不要为成功而努力，要为做一个有价值的人而努力。

——爱因斯坦

穿 越

一、项目概述

穿越是指在一定区域内主要依靠徒步行走，完成由起点到终点的里程，其间可能会经历山岭、丛林、沙漠、雪原、溪流、峡谷等地貌的一种户外活动。徒步穿越对参与者的野外综合技能要求较高，它集登山、攀岩、漂流、溯溪、野外生存于一体，一般要求穿越人员必须具备良好的体能，稳定的心理素质和道德水准，以及乐于助人的团队精神。

课程性质：野外项目；

课程形式：野外项目；

课程时间：100 分钟以上；

课程人数：5 人以上。

二、场地器材

公用装备：帐篷，炊事用品（炉具、燃料、炊具等），绳，专用工具（砍刀、手斧、行军铲等），公用药品（通用药、紧急救护药等），胶带，对讲机，营地灯，其他集体专用器材（攀岩器材、登雪山器材等），公用食品、营养品，海拔表，指北针，温度计，地图。

个人装备：合适的鞋，背包，睡袋，防潮垫，内衣，外套、裤子，手套，帽子，墨镜，头灯，水壶，登山手杖，个人卫生用品，防晒霜，润唇膏，摄影器材，望远镜，笔记本，笔，个人药品，打火机，火柴，餐具，干湿纸巾，沙滩鞋，个人食品，其他杂品。

三、课程目的

1. 自我审视、重新定位；

2. 培养自己不畏艰辛、勇往直前的精神，促进个人和团队的共同成长。

四、安全要求

1. 个人必须注意保暖；

2. 明确队员分工，保证团队共同到达终点；

3. 有意外情况发生，必须马上终止活动。

五、课程实施

1. 宣讲活动规则；

2. 人员合理分组，选出小组负责人；
3. 检查设备安全；
4. 回顾总结。

课程8：攀岩

尚未实现的目标，要比已经达到的渺小目的更珍贵。

——歌　德

攀　岩

一、项目概述

最早的攀岩者来自远古的人类，他们为了躲避猎食者或者是敌人，而在某个危急的时候纵身一跃，从而成就了攀岩。“会当凌绝顶，一览众山小。”攀岩运动以其独有的登临高处的征服感吸引了无数爱好者。攀岩运动是从登山运动中派生来的新项目，也是登山运动中的一项竞技体育项目。它集健身、娱乐、竞技于一体，既要求运动员具有勇敢顽强、坚韧不拔的拼搏进取精神，又需要具有良好的柔韧性、节奏感及攀岩技巧，这样才能娴熟地在不同高度、不同角度的陡峭岩壁上轻松、准确地完成身体的腾挪、转体、跳跃、引体等惊险动作，给人以优美、流畅、刺激、力量的感受。由于攀登者在岩壁上稳如壁虎又矫似雄鹰，是一项极具美感和观赏性的运动，被誉为“岩壁芭蕾”。

课程性质：室外场地项目；

课程形式：高空项目；

课程时间：100 分钟；

课程人数：14～20人。

二、场地器材

野外自然岩壁或专业人工岩壁、短扁带2条、主锁4个、钢锁2个、8字环1个、动力绳（60m/10.5mm）1根、半身式安全带2条、头盔2个、防滑粉袋1套。

三、课程目的

1. 了解和学习攀岩的基本方法，将资源最优配置；

2. 培养挑战者敢于面对和自我挑战的意识，体验其带来的身心愉悦和无穷魅力。

四、安全要求

1. 由专业人士检查场地及器材安全，讲解装备的正确使用方式；

2. 学习五步收绳法，掌握保护技术要领及注意事项；

3. 队员身体状况达到项目要求及摘除携带

硬物。

五、课程实施

1. 队员与保护人员各自做好准备；

2. 相互检查（专业人员监督检查过程）；

3. 队员向保护者发出“开始”信号，保护人员回复“准备好”信号；

4. 队员开始攀登，保护人员严格操控绳索；

5. 队员登顶后发出下降信号，保护人员放绳；

6. 队员返回后，向保护人员表示感谢。

攀岩基本要点：

1. 节省手部力量；

2. 控制重心；

3. 有效休息；

4. 主动调节呼吸。

课程9：合力过桥

一个人像一块砖砌在大礼堂的墙里，是谁也动不得的，但是丢在路上，挡人去路是要被一脚踢开的。

——艾思奇

合力过桥

一、课程概述

合力过桥是指队员站在6米的高处，分别踏上并越过一块悬在空中摇晃的木板，最后到达离出发点8米的对面。这可以培养队员适应新环境的能力；培养个人的自信心与勇气；培养团队的沟通协作能力。

课程性质：室外场地项目；

课程形式：高空项目；

课程时间：120分钟；

课程人数：14~16人。

二、场地器材

专项高空训练架、动力绳、安全带、头盔、主锁、钢锁、扁带、8字环、手套。

三、课程目的

1. 克服恐惧、直面困难、挑战自我，激发个人潜能；

2. 训练团队内部的相互信任，换位思考，培养团队意识和面对困难时相互帮助的精神；

3. 培养面对困难时的互助激励，培养团队精神。

四、安全要求

1. 具有严重疾病史，或医生建议不适合此类挑战项目的，可以不参加；

2. 摘除身上穿戴的所有硬物，穿戴安全装备，并进行多次检查；

3. 队员不能抓身后的保护绳和主锁，长发队员应将头发盘入安全头盔中；

4. 不得将锁具跌落在地面上，严禁踩踏绳索。

五、课程实施

1. 每人学会安全带、头盔及锁具的使用方式，掌握拉拽吊板下方保护绳的方法；

2. 队员摘掉身上硬物饰品，穿戴好保护装备，接受队友的激励；

3. 队员爬上起点，通过三块吊板，从一端走到另一端，返回地面之后参与保护其他队友；

4. 在吊板上，两手扶缆绳，不允许手拉拽保护绳。

课程10：水平云梯

当智慧和命运交战时，若智慧有胆识，敢作敢为，命运就没有机会动摇他。

——爱默生

水平云梯

一、课程概述

通过不同队友搭建的水平云梯前行，建立团队之间的相互信任。虽然游戏设计很简单，但是非常有效。

课程性质：室外场地项目；

课程形式：中空项目；

课程时间：100 分钟；

课程人数：16～20 人。

二、场地器材

空旷平整场地、胶合棒、头盔。

三、课程目的

1. 培养挑战困难，解决问题的能力；

2. 培养团队成员的相互信任、责任感、自控能力以及勇气；

3. 按要求完成挑战，使队员理解角色定位及尽职尽责地完成本职工作的重要性。

四、安全监控

1. 要确保云梯表面光滑，以避免划伤或扎伤爬梯者；

2. 千万不能在队友经过的时候失手。不允许将木棒举到比肩膀还高的位置上。

五、课程实施

1. 两名队员组合在一起成为搭档。给每对搭档发一根木棒。让每对搭档面对面站好，所有搭档肩并肩排成两行，将木棍平行排列成水平云梯。

2. 一位队员开始爬云梯，其他所有人参与搭建云梯，除去攀爬者，如果有多余的人，可以做安全监督者。

3. 每对搭档握住木棒，木棒与地面平行，其高度介于肩膀和腰部之间，这样整个形成了一个类似水平摆放的木梯的形状。

4. 把爬梯者带到云梯的一端，让挑战队员从这里开始爬到云梯的另一端。

课程11：浣熊圈

耐心和持久胜过激烈和狂想。

——拉·封丹

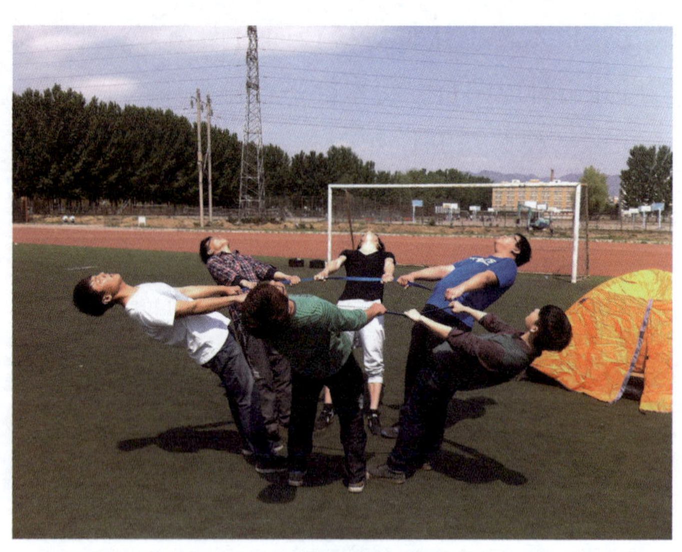

浣熊圈

一、课程概述

发明人 Smith 爷爷发现扁带有一环一环，像浣熊尾巴一节白一节黑，新奇好玩，可承受 1200kg 拉力。有些活动需要拉力，十几个人一起拉，此时将扁带拿在手上就会很实用。浣熊圈活动是一连串游戏，通常通过活动类型来组合。浣熊圈已经在世界各地被广泛地流传运用。本书提供下述游戏示例以供参考。

课程性质：室内/室外场地项目；

课程形式：地面项目；

课程时间：60 分钟；

课程人数：14～20 人。

二、场地器材

宽阔室外场地、浣熊圈。

三、课程目的

1. 认识与破冰活动：熟悉的团体，唤起热忱；不熟悉的团体，认识或破冰；

2. 体验多变浣熊圈游戏带给你的不可思议的感受。

四、安全要求

1. 地面平整干净，体验过程中勿相互打闹；
2. 遵守游戏规则，防止意外发生。

五、课程实施

游戏示例：

（一）浣熊绕指柔

1. 团队学员围成一个圆圈；
2. 将一条浣熊圈交给某一学员；
3. 请这一学员将浣熊圈在自己的食指绕，边绕边自我介绍；
4. 换下一学员进行，直至所有学员介绍完毕。

（二）浣熊花开

1. 团队围成圆圈并手握浣熊圈；
2. 根据老师的要求集体做同一动作；
3. 加入节拍展示团队舞姿。

（三）浣熊突围

1. 打了水结的浣熊圈放在地上摆成圆形，所有成员站在圈内；

2. 请成员想办法，不用手、手臂、肩膀等部位而从浣熊圈下穿越到浣熊圈外。

课程 12：有轨电车

一致是强有力的，而纷争易于被征服。

——《伊索寓言》

有轨电车

一、课程概述

要求队员都踩在两块木条上走一段路。队员首先按顺序排成一纵列，每个人左脚踩在左边的木条上，右脚踩在右面的木条上，双手抓住左右两边的绳子，听培训师的哨音开始行进（不一定是直线行进，可适当增加难度，如曲线、圆圈等）。两组以上比赛更佳。在比赛之前会给学员一定的练习时间。

课程性质：室外场地项目；

课程形式：地面项目；

课程时间：90 分钟；

课程人数：14～20 人。

二、场地器材

平坦空旷的场地、有轨电车。

三、课程目的

1. 提高团队协作能力；
2. 理解个人在团队中的作用与关系；

3. 积极参与活动，并将好的建议告诉团队中的成员，体会团队协作的成功与喜悦。

四、安全要求

1. 队员有严重外伤史和不适合做剧烈运动的可以不做这个项目；

2. 尽量安排在平整开阔的场地上；

3. 避免疾走急停，启动和停止要有统一指挥，拐弯时要注意以防侧面摔倒。

五、课程实施

1. 做好热身，尤其是脚踝和膝盖部分；

2. 按照电车上绳子的数量站在电车上，通过团队努力一起开动电车；

3. 行进过程中要步调一致，沟通及时，避免危险发生；

4. 熟练之后可以进行比赛。

课程13：击鼓颠球

单个的人是软弱无助的，就像漂流的鲁滨孙一样，只有同别人在一起，他才能完成许多事业。

——叔本华

击鼓颠球

一、课程概述

击鼓颠球是一项以团队协作为主的项目，也叫“同心鼓”。鼓的中心是弹性最大、弹起方向最稳定的部位，所以学员要团结协作，使球落在鼓的中心，这尤为重要。

课程性质：室外场地项目；

课程形式：地面项目；

课程时间：90 分钟；

课程人数：20 人左右。

二、场地器材

户外开阔场地、拴有细绳带把手拉环的鼓一面、排球、网球等。

三、课程目的

1. 使全体成员积极配合，体验团结协作完成项目的喜悦；

2. 使得全体成员相互鼓励团队合作，创造高效率。

四、安全要求

1. 所有队员要牵好自己的绳子，以免掉落的绳子绊倒其他队员；

2. 所有队员带好手套，不要将绳子缠在手上。

五、课程实施

1. 队员要将绳子拽紧，让鼓面处于水平位置；

2. 比赛开始时，球不可以落地，否则重新开始；

3. 颠球的高度不低于鼓面 20 厘米，否则此球不计数；

4. 队友之间相互提醒加强合作，将绳子拉紧，确保球落在鼓心。

课程14：挑战150

刀鞘保护刀的锋利，它自己则满足于它的迟钝。

——泰戈尔

一、课程概述

挑战150是一个以团队为核心的组合竞技项目，要在150秒内完成一系列艰难任务。对于团队来说，只要努力，没有什么是不可能的。

课程性质：室内/室外场地组合项目；

课程形式：地面项目；

课程时间：90分钟；

课程人数：16~20人。

二、场地器材

半个篮球场大小的平地、不倒森林、弹力球、圆桶、诺亚方舟、跳绳、能量传输线、纸杯。

三、课程目的

1. 培养团队协作能力；

2. 活跃团队气氛；

3. 培养团队成员在压力下有效沟通、敢于拼搏的精神；

4. 激发成员学习的潜力，每一个队员都是团队的一分子，都要参与到团队配合之中去；

5. 体会项目进行过程中的感受和心得，并与大家分享。

四、安全要求

1. 认真做热身运动；

2. 不要把闲置的器械道具乱扔，应放到规定的区域；

3. 其他团队挑战时，不要大声喧哗，要在指定地点观看学习。

五、课程实施

在规定的150秒内完成6个项目：

1. 不倒森林：用8根80厘米的杆子首尾相接组成一个圆，每个成员按顺序从一头扶起，右手按在杆头，左手背在身后。大家在保持距离的同时去按前一个人的杆。连续完成8次，中途杆倒或者用手抓杆都算犯规，重新开始。

不倒森林

2. 诺亚方舟：8名成员同时站在40厘米高的汽车轮胎上保持6秒，如果有任何人脚触地即犯规，重新开始。

3. 集体跳绳：10 名成员，每人跳 10 个，任何人的中断都算失败，重新开始。

4. 能量传输：在距离 6 米的场地，6 ~ 10 名成员每人手拿一截 U 型管，让小球在 U 型管上连续传递到终点线杯子里。用手扶球或者球落地都视为失败，重新开始。

能量传输

5. 巧抛彩球：两名成员距离 3 米以上，一名队员将球抛出，另一个成员用圆桶接住。

6. 激情击掌：原有成员围成一个圆，击掌 6 次，每击掌一次说一个字，第二次说前两个字，然后依次类推。要求每个成员双手拍左边的队友一次，再拍右边队友一次，然后体前屈击掌一次；第二个成员跟上，拍左右边的队员两次，然后击掌两次，依次类推完成。例如，“我们很幸福”，“1，1，我”，“12，12，我们”，“123，123，我们很”……

课程15：求生墙

不管一个人多么有才能，但是集体常常比他更聪明和更有力。

——奥斯特洛夫斯基

求生墙

一、课程概述

求生墙高4米，你们没有任何器械帮助，只能靠团队的力量！求生墙是由二战时期军舰上的水手发明的，也是真正意义上的活命方法——当时军舰下层水手几乎都是赤身裸体的在船舱最底层工作，没有绳子作为工具，军舰被击中，即将沉没，正常出口堵塞，只能爬墙，且无法独立通过。

课程性质：室外场地项目；

课程形式：中空项目；

课程时间：90分钟；

课程人数：14～20人。

二、场地器材

专业求生墙、加厚海绵垫。

三、课程目的

1. 培养团队的协作能力和凝聚力；
2. 认同差异，合理分工，学会最优资源配置；

3. 民主、有效讨论，合理、快速决策，科学评估创新方案，锻炼实践能力。

四、安全监控

1. 穿运动服、运动鞋；

2. 取掉身上的眼镜、手机、发卡、胸针、戒指、手表等硬物；

3. 禁止反关节运动，不许骑跨在墙头；

4. 不可脱鞋做此活动，不能用脚蹬踏墙面；

5. 女队员尽量不做中间连接；

6. 所有方法和创意要主动与同学或者老师沟通，不得擅自做出危险动作；

7. 攀岩墙上的人员不能互相打斗、推搡，活动过程中严禁嬉戏打闹。

五、课程实施

1. 充分热身，做好准备活动；

2. 将与活动无关的所有物品放到安全地点；

3. 注意倾听项目的规则和安全事项；

4. 所有队员 40 分钟之内爬上求生墙，如果有队员未上去则视为失败；

5. 墙面是攀爬的唯一通道，不允许借助任何道具；

6. 拉人时不可拉衣服，拉手时要手腕相扣，不可将被拉学员的胳膊搭在墙上，只能垂直上提；

7. 所有队员必须参与保护，保护人员应采取弓步站立，双手举过头，屈肘掌心朝向攀登队员，眼睛盯着攀登队员的方式；

8. 有序从求生墙的一侧安全回到地面。

讲师简介

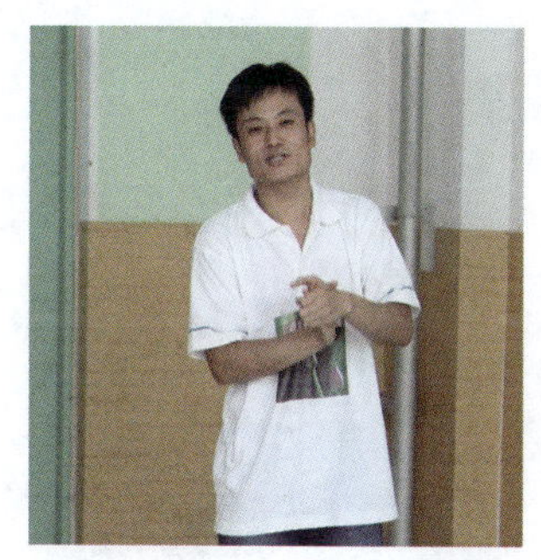

郝征 北京吉利大学博雅学院副院长，国家CETTIC高级拓展培训师。担任多家公司特邀培训策划和课程顾问。

谭波 北京吉利大学素质教育讲师，国家CETTIC高级拓展培训师，培训过北京企事业单位六十余家，有丰富的培训经历。

赵魁 北京吉利大学素质教育讲师，国家CET-TIC中级拓展培训师，具有多年“小荷户外拓展训练”的授课经验。

张蕊 北京吉利大学素质教育讲师，国家一级运动员、一级裁判员、一级健身指导员。培训过多家企事业单位工作人员，有丰富的培训经验。

李新娜 北京吉利大学素质教育讲师，国家CAEP中级拓展培训师。曾担任北京多家大型企业团队心理建设顾问，有丰富的培训经历。

主要参考文献

1. 李书福:《做人之道》，中国经济出版社2009年版。

2. ［美］艾尔·赛克尔:《提高观察力的200个思维游戏》，卢小梅译，黑龙江科学技术出版社2007年版。

3. 钱永健:《拓展训练》，企业管理出版社2012年版。

4. 钱永健:《拓展》，高等教育出版社2009年版。

5. 李宏德、崔润东主编:《大学生素质拓展计划》，辽宁人民出版社2003年版。

6. 何卓恩、张自荣编著:《素质学》，内蒙古文化出版社2005年版。

7. 刘畅主编:《大学生心理素质教育》，清华大学出版社、北京交通大学出版社 2007 年版。

8. 胡正明主编:《新编大学生基本素质训练教程》，机械工业出版社 2009 年版。